This is all I feel about Jazz

Kiyoshi Koyama

ジャズのことばかり考えてきた

児山紀芳

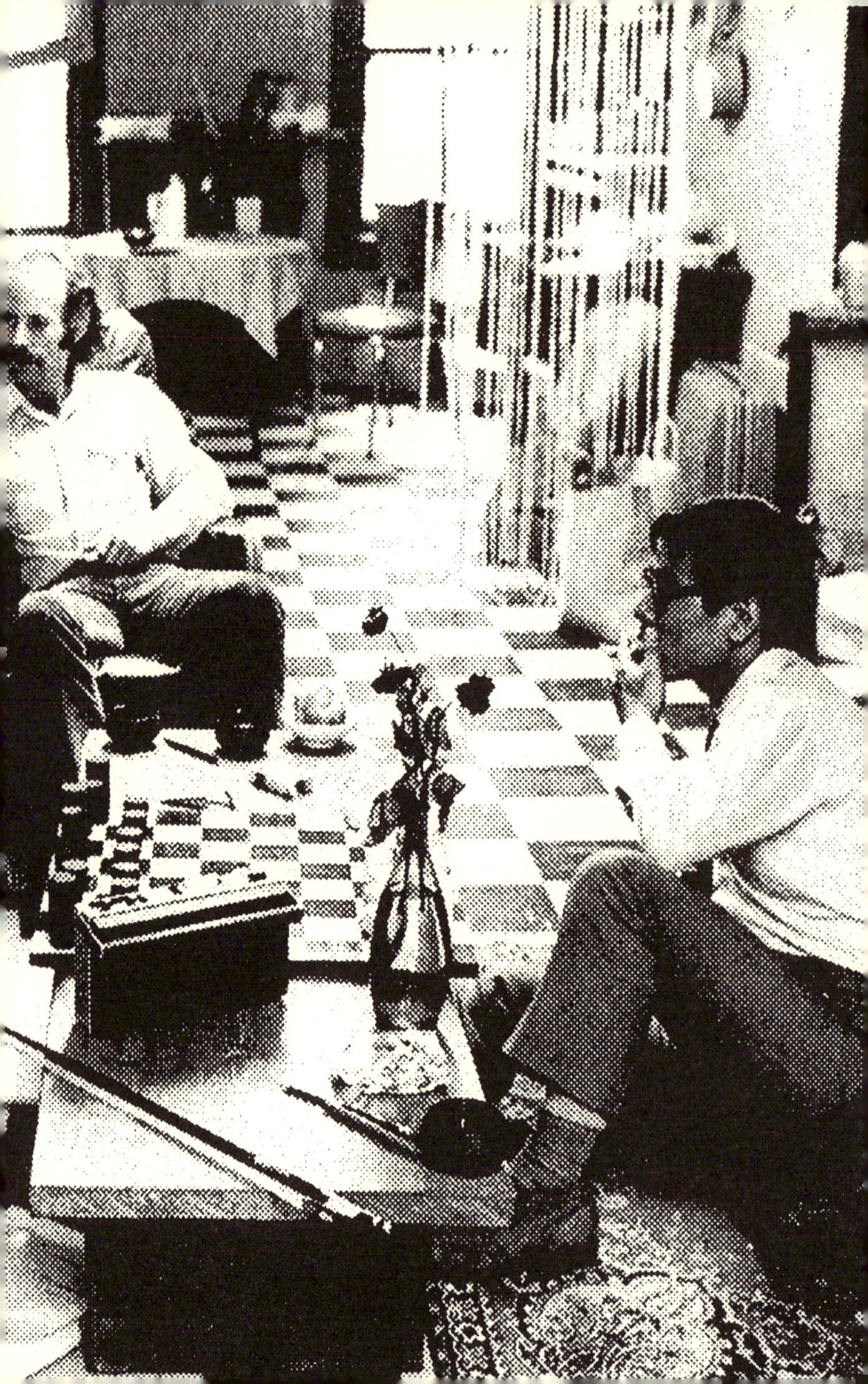

目次

カバー写真：スイングジャーナル2008年5月臨時増刊「ジャズ・ジャイアンツの肖像」より
撮影：向田直幹
1971年、シナノンにて療養中のアート・ペッパー（中央）へのインタビュー。右に座るのがレスター・ケーニッヒ

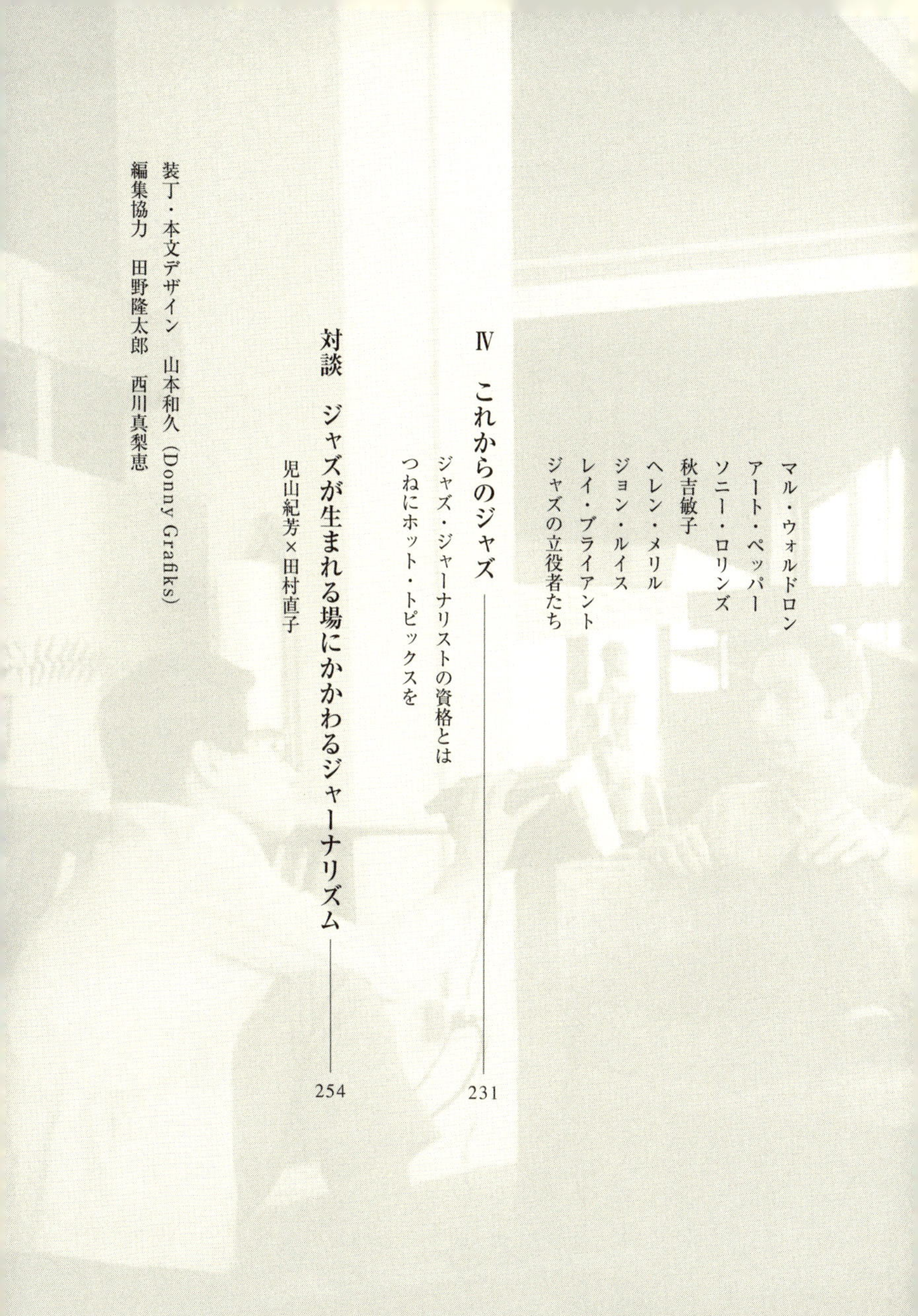

装丁・本文デザイン　山本和久（Donny Grafiks）
編集協力　田野隆太郎　西川真梨恵

p2-3 写真：スイングジャーナル 2008 年 5 月臨時増刊「ジャズ・ジャイアンツの肖像」より
撮影：向田直幹
マイク・ノック（中央）を交えてチック・コリア（左）にインタビュー取材を行う著者

はじめに

みなさん、ごきげんいかがでしょうか児山紀芳です。週末のラジオ番組をお聞きくださっているみなさんには、この挨拶がお馴染みでしょうか。往年のジャズファンは、『スイングジャーナル』の編集や未発表音源の発掘といった仕事で、わたしの名前を知っていただいているのかもしれません。さて、ジャズとともに歩んできたわたしの人生も晩年を迎えました。何事によらず少年期に出会ったことは生涯の夢になるといいます。他聞にもれず、わたしの夢はジャズになりました。少年期から青年期にかけて、またその後においてもわたしが生きてきた戦後は、ジャズがもっとも華やかで力みなぎる時代でした。ですから、ときおり自分がジャズを食べながら成長したような錯覚におちいることがあるんです。高じた熱を抑えることができず、何の伝手もない世界に飛びこみ六十年。ジャズと走りつづけた半生を、一度総括をしてみたらどうかという機会を得まして、このたびは書籍でお目にかかることになりました。もっとも輝いた時代の趨勢を辿ることは、現在のジャズ界を俯瞰する意味においても有意義な作業になるのかもしれません。寝ても覚めてもジャズのことしか頭になかったわたしですから、話は全編ジャズのこと。いまも記憶に鮮明なジャズマンたちとのエピソードをふんだんに交え、すすめていきたいと思っています。お好みのレコードなどありましたらどうぞ針を落としていただき、週末の夜のラジオ番組のようにリラックスしておつきあいいただきたいと思います。

I　ジャズ・ジャーナリズムの誕生

ジャズ・ジャーナリズムの世界へ

ラジオDJ、ディスコグラファー、ジャズ雑誌の編集長、ジャズ評論家、ジャズ・ジャーナリスト、ジャズフェスティバルの総合監修、BOXMANと呼ばれる音源発掘家……。さて、なんだと思われますか。実はすべて、わたしがしてきた仕事の肩書きなんです。こうして並べると、ジャズに関わることなら片っぱしやってきたんだなと他人事のように思います。なかでも特に思い入れがあるのはディスコグラファーでしょうか。レコード学者やレコード研究家と呼ばれたりしますが、あまり一般的でないかもしれません。discographer の元になる discography という言葉には日本語の定訳がないのですが、書物における「書誌」と考えればいい。一枚のレコードがいつ、どこで録音され、参加したアーティストは誰で、発売レーベルは何で、そのレコード番号は、といった情報です。ディスコグラファーとは、録音されたディスクのそんな来歴を明らかにしアーカイブする人のこと。わたしがなぜこの肩書きに愛着があるのかというと、プロとして手がけた最初の仕事がディスコグラフィだったからです。

一九六〇年、わたしの元に一枚のハガキが届きました。差出人は新興楽譜出版社（現在のシンコーミュージック）の草野昌一さんという編集長。アメリカのジャズ専門誌『ダウンビート』の日本語版を創刊するので、ついてはソニー・ロリンズのディスコグラフィを作成しないかという内容でした。これには正直驚きました。なぜなら、まだ一介のジャズマニアでしかないわたしへのオファーだったからです。でも、大好きなロリンズだし、ジャズに関わることならなんでもやってみたかったので、もちろん引き受けました。それにしても、なぜプロではない自分に仕事の依頼がきたのか。少し遡って話をしてみたいと思います。

一九三六年、わたしは大阪の堺で生まれました。物心ついた頃、家業はミシンの製造販売をやっていました。父親は趣味で謡曲を嗜むような人間で、家にはまだ当時珍しかったオルガンや電気蓄音機があって、音楽に触れる機会は多かったと思います。高校に通う頃は、英語も上手かった美空ひばりの歌が巷に流れ、江利チエミの『テネシー・ワルツ』がヒットするような、いわば洋楽を歌う日本人歌手全盛の時代。そんな時、父親がまだ珍しかった本場のSP盤をどこからか仕入れてきたんですね。ドリス・デイやローズマリー・クルーニーといった女性歌手のもので、なかには豪華な写真集が入っていた。金色の髪をした彼女たちのポートレイトに胸がときめいたのを覚えています。

自分で初めてレコードを買ったのは一九五二年。『ミュージックライフ』という雑誌で、ジャズドラマーのジーン・クルーパが来日して『証城寺の狸囃子』を録音したのを知ったんです。それで小遣いを握りしめ、レコード屋に走った。でも残念なことにその店にはなかったんです。それで店主が「そういうのが好きなら、いま流行ってるのはこれだよ」と薦めてくれたのが、レス・ポールのギターとメリー・フォードのボーカルの『モッキン・バード・ヒル』。購入したものの、これはジャズというよりも当時のポピュラー音楽の類でした。でも、周囲にそんな音楽のことを話しあえる友人はほとんどいなかった。洋楽、それもジャズとなればなおさらで、靴屋の息子で羽振りのよかった友人がひとりいたくらい。彼は『ジャズの歴史』という珍しいレコードを持っていて、それを借りて聞き、自分も欲しいなあと思ったのを覚えています。高校ぐらいまではジャズレコードが発売されることは皆無に等しかったから、音楽を聞くのも、情報を得るのももっぱらラジオ。ヒットパレードや在日米軍向けのFEN放送はもちろん、なかでもNHK放送の『リズムアワー』をよく聞きました。最新音楽をいち早く紹介してくれる三十分の番組で、評論家の牧芳雄さんが担当する曜日がジャズを専門に流してくれた。ちょうどウエスト・コースト・ジャズが隆盛の兆しを見せ始めていた頃で、チェット・ベイカー、ジェリー・マリガン、チコ・ハミルトンの名前を知ったのもこの番組です。軽快なジャズとともにそれまで母国語だけで満たされていた少年の頭に急に英語が飛び込んできたわけで、それは新鮮な体験でした。毎週欠かさず聞いて、演奏者と曲名をメモする習慣が知らぬ間にできていました。

　高校までは、そうやってラジオから洋楽情報を得ていた。卒業したら大学に進んで、より音楽漬けの時間が過ごせると呑気なことを考えていました。でも急にミシン屋が廃業し、進学を諦めることになったんですね。だから、自分は働かざるを得なくなった。そこで就職したのが読売新聞大阪本社でした。新聞社の社会部に配属され、まずは「ボーヤ（助手）」の毎日が始まったわけです。早出、昼、夜勤の三交代。でも、やっぱり音楽に引き寄せられる運命なのか、ほどなく会社近くにレコードを流す喫茶店を見つけて通うようになっていました。そこが面白かったのは、ウエイトレスの女の子が好みのレコードをかけていること。なかでピンときた曲が、ウディ・ハーマン・バンドの『アップル・ハニー』。わたしがすごく気に入ったものだから、店に行くと彼女がかけてくれるようになったんですね。飲み物より注文はこの曲でしょ、という感じで。それで彼女が、もっとこんな曲が聞きたいんだったら、と新しい店を紹介してくれたんです。それが、新聞社のあるキタから少し離れた、ミナミにある「バードランド」でした。

バードランドという店は、お店自体は小さかったけど、そこには自分が触れたかったものがギュッと詰まって、新たな扉を開けてくれました。なによりも驚いたのは、デンと据えてあった畳一畳ほどの巨大なスピーカー。モノラルの時代だから一台ですけど、とにかくジャズを大音量で一日中浴びられるわけです。壁にずらりとかかる輸入盤ジャケット。アート・ブレイキーのブルーノート盤、チェット・ベイカーやチコ・ハミルトンのパシフィックジャズ盤……すべて十インチのものでした。常連客には、カラフルなハンカチを後ろポケットから出してキメている人や、後に名を馳せるグラフィックデザイナーの田中一光さんもいるほどファッショナブルな者ばかり。とにかく感覚的にいま一番新しいものを求める若者たちが集まっていた。そんな雰囲気のなかで、ジャズにのめり込んでいったんです。午後一時の開店が待ちきれず、毎日のように店の前でマスターが来るのを待つ。時間になったらいざ入り、二、三時間もいれば満足するのが普通ですけど、自分の場合は夜まで居座る。だから、マスターが「じゃあお前、これで晩飯食ってこい」と食事代をくれたり、閉店後に電車がなくてマスターの家に泊めさせてもらうほど。もちろん新聞社の勤めにも出ていたけど、生活の中心はバードランド。日が経つにつれて、いつしか勤務時間を夜勤にして、日中はジャズを聴くようになった。いつもキタとミナミを地下鉄で往復していました。

この時期、バードランドに入り浸っていた若者たちにとって、ジャズを聴くことはある種のファッションだった。でも、自分は彼らとちがって、とにかくたくさんのレコードを聴くために通っていたんですね。その頃のことで鮮明に憶えているのは、セロニアス・モンクがヴォーグに吹き込んだ十インチ盤が心斎橋の日本楽器（現在のYAMAHA）のショーウインドウに大々的に宣伝されていたこと。それが国内で初めてプレスされたジャズのLP盤。国内がそうだから、輸入盤となるとどこにも売っていないわけです。バードランドは貴重な場所だったんです。なぜ店にこれほど輸入盤があるのか不思議で、ある日、マスターにどうやって手に入れたのか聞いた。すると、在日米軍の兵士が小遣い稼ぎに店に持ってくる、と言ったんです。ジャズのレコードが日本に最初に受容されたこの時期、

セロニアス・モンク『ソロ・オン・ヴォーグ』vogue

評論家がレコード店で入手したものには、兵士が転売したものがあり、それが『リズムアワー』のような番組でも使われていたのかもしれません。

とにかく、バードランドでジャズの洗礼を受けたんです。客からのリクエスト曲を受けつけ、流してくれるスタイルの店……ジャズ喫茶と呼ばれる喫茶店は、東京ではぽつぽつあったんですが、大阪では走りでした。自分がそんな日本のジャズ喫茶史のはじまりに立ち会っていたかと思うと感慨深いものがあります。

最先端のジャズに触れたいという二十歳前の若者の思いは、とにかく喫茶店に入り浸ることで満たされた。でも、当然ながらレコードを家に持ち帰ることはできない。本当は所有したいけど、集めるとなれば高額、しかも市場に出回っていない。だから、店で自分が何をしていたかというと、辞書を片手にレコードの原文クレジットやライナーノーツを読んでいたんですね。一方会社では、これから新聞記者になるのなら大学くらいは出たほうがいいとアドバイスされ、働きながら関西大学の夜学に通うことにもなった。文学部の英文科です。もうお分かりかもしれませんが、英文を専攻した理由はライナーノーツや海外のジャズ雑誌を読みたいから。ここでもジャズが最優先というのが我ながら呆れますが……。「ダウンビート」や「メトロノーム」、イギリスの「ジャズマンスリー」などを定期購読し、隅から隅まで読みました。

　振り返ると、これが今につながる仕事の出発点になったように思います。この頃、単純に「音楽を聴く」という「鑑賞者」の立場から一歩進んで、ジャズに関する資料を集めるという情熱が芽生えてきたんですね。レコードひとつひとつの録音データの記録は当然として、ディスクレビューやニュース記事に至るさまざまな資料を集めるようになったわけです。そのマニアックでコレクター的な素性は、性癖にも等しいでしょう。自分のジャズ資料のコレクションは、当時の日本では誰も試みなかった広範囲にわたっていったんです。とにかくジャズに関することなら、世の中に存在するすべてを集めたい。そう思っていましたから。

　それに比例するようにバードランドにも飽き足らなくなり、少し高級な喫茶店を見つけて通うようになった。それがバンビという店で、表向きにジャズ喫茶を謳っていませんでしたけど、高級ハイファイ装置を売りに四六時中ジャズを流していた。入り浸っているうち、店で気のあう仲間たちとバンビモダンジャズグループというのを結成し、レコードコンサートを開くようになりました。オーナーには、ちゃんと集客を約束することで許しを得て、月一回の開催で選曲、曲の解説を自分でしました。クリスマスイブや夏休みにはオールナイト興行で百数十人集めた。そんなコンサートの締めにいつも流していたレコードが、ソニー・ロリンズの『サキソフォン・コロッサス』でした。

このレコードは一九五六年の録音。日本に輸入されるまでのタイムラグがあるので、バンビで流していた一九五〇年代の末はちょうど最先端のジャズということになるんです。このレコードを定番にしていたのは、もちろんお客さんの反応がよかったからですが、このレコードに限らず、わたしは自分が聞いて素晴らしいと思ったものだけを選曲していたんですね。古くても新しくても、とにかく自分が聞いて心が動いた曲。その筆頭格のレコードだったんです。そこで受けた感動をみんなにも感じてもらいたい。それが自分の喜びになっていました。

ここで冒頭の「なぜ、アマチュアのわたしにロリンズの仕事の依頼がきたのか」という疑問に戻るのですが、バンビモダンジャズグループの評判が東京にも聞こえたということなんですね。評論家のいソノてルヲさんや福田一郎さんが来日アーティストの公演の司会で来阪すると、誰からか「バンビに行けば、児山っていううるさいのがいるよ」と聞いて店に足を運んでくれていて、わたしも面識をもちました。また、レコードの音だけを聞いて演奏者を当てるブラインドフォ

ソニー・ロリンズ『サキソフォン・コロッサス』Prestige

ールドテストを渋谷のジャズ喫茶がやっているのを知り、道場破りだ！　なんて意気込んで上京したこともあった。真冬に小型トラック一台、寒風にさらされながらグループみんなで荷台に座って……。まあ自分たちも若かった。そんな交流を伝え聞いた出版社の草野昌一さんが、日本語版「ダウンビート」を創刊するタイミングでわたしに白羽の矢を立てたということだと思います。

思いがけず転がり込んできたソニー・ロリンズのディスコグラフィ制作。期待をかけてくれたわけですし、コレクションの雑誌やレコードをかき集めて試行錯誤しながら作成して送ったわけです。ネットが発達した今は、ディスコグラフィを網羅する会員制サイトがあって、そこにアクセスすれば簡単に調べがつく。でも、当時はそんな便利なものはなかった。世界中のジャズ雑誌、本家の「ダウンビート」でさえディスコグラフィの扱いがない時代でした。本格的なジャズ・ディスコグラフィはフランスのシャルル・デロネーが一九四〇年代に出版した単行本などいくつかあるだけ。だから、この時わたしが作ったロリンズのディスコグラフィは日本人作成によるディスコグラフィの第一号になったわけです。

とはいえ、ディスコグラフィとしては不完全でした。通常、スタジオで録音するとテイクごとに記録していく型番、マトリックスナンバーがあるんですが、そ

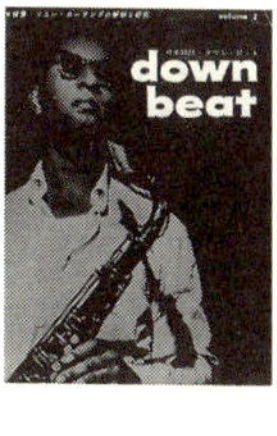

日本語版「ダウンビート」創刊号表紙

れも記していなかった。もちろん、マトリックスナンバーは一ファンが知れるものではない。レコード会社の記録ですから。後年、マイケル・カスクーナが手がけたブルーノートのディスコグラフィのようなものは、レコード会社と積極的に関係し、会社が保存する記録を共有しながら作るという大掛かりな作業で可能になるわけです。この時わたしがつくったものは今から思えば恥ずかしいレベルですが、ロリンズが関わったレコードの全貌はわかった。そのアルバムがいつ、どこで、どんなメンバーが吹き込んだのかという基本のデータに加え、アメリカの「ダウンビート」でのレビューは何点だったという情報も載せたんです。ディスコグラフィの王道から外れていたかもしれませんが、ロリンズの録音歴を知る上で読者に少しでも役に立ち、楽しんでもらえるものにしたいという思いがあったわけなんです。

この原稿依頼があったのは、大学の卒業を控えて、本来なら進路を決めているはずの時期でした。でも実は、その時すでに新聞社を辞めていたんですね。それで、何をしていたのかというと、相変わらずバンビにいてレコード係をしていた。つまり、オーナーに頼み、店の二階にリクエストを受ける空間を作ってもらって……。つまり、自分は新聞記者よりもジャズを選んだんです。それも、ずいぶんあっさりと。とはいえ、評論家なり何なりでジャズの世界に入って生きていくという具体的な策もなかったんです。どう考えても、何の約束もない危険な道だった。我ながら不思議ですが、とにかくジャズに浸るだけ浸っていたかったんだと思います。そんな状態で受けた仕事がその後どうなったかというと、上京して編集部員として働かないかと編集長の草野さんが誘ってくれることにつながったんですね。これも自分から頼んだわけではなかった。でも、ジャズの仕事ができるとなれば迷いはない。すぐに上京を決めました。

幸運にも初めての仕事が評価されたわけですが、そこにはバンビでレコードをかけたり解説したりする中で、いつもお客さんに楽しみをもって迎えられた経験が根底にあったように思います。ディスコグラフィの執筆といえども、単純な資料の羅列にはしなかったわけですから。当時、喫茶店という空間でさまざまな人と一緒に聞いた名演奏は、今でもわたしの体の中に染みついて息づいています。その蓄積がコメンテーターや企画立案、ひいてはラジオで選曲しトークをする仕事にもつながっていったと思っています。ジャズの解説でもやってみる？　と、誰かに言われても、四六時中ジャズを考えていなければできないわけですから。

「ゴールドディスク」とジャズディスク大賞

外から伸びてきた手に誘われるまま上京したのが、一九六〇年の末。たしか大晦日でした。なぜそんな暮れなのかというと、年明けの二日に取材があったからです。アート・ブレイキーとジャズ・メッセンジャーズの初来日公演。サンケイホールの楽屋に行って、色紙に手形をもらって来いと草野さんに言われたわけです。右も左もわからない東京で、しかもビッグネームのアート・ブレイキーが目の前にいました。初めての取材にもかかわらずです。取材後は勢いついでに、編集部で依頼した写真家の大倉舜二さんと一緒に、ドラムスの白木秀雄、水谷良重夫妻がブレイキーを豪邸に招いた盛大なパーティーになだれ込んだのも覚えています。その日は人生で忘れようにも忘れられない一日になりました。

しかし、わたしの肩書きはあくまでも「ダウンビート」日本語版の編集部員。派手な仕事ばかりではないわけです。かつてラジオで声を聞いていた油井正一さんや牧芳雄さんらの自宅に通って原稿をいただき、赤を入れ、印刷屋まで出張校正にいくという仕事が基本。わたしの他には、割り付けなどを担当する編集部員二人。でも面白いことに草野さんを含め、自分以上にジャズ界全体のことについて知識がある人間はいなかったんです。だから、ディスクレビュー担当の評論家の振り分けはもちろん、アメリカの本誌のどの記事をフィーチャーするか、日本独自でどんな企画をするかもほぼ一人で決めていました。大阪時代から知るデザイナーが上京してからは、彼に表紙のレイアウトを一任しました。

仕掛けた特集で印象深いものと問われれば、今や伝説と化した「ソニー・ロリンズ発見」の記事をあげたいですね。一九六一年当時、演奏活動をせず消息不明だったロリンズを、共同通信の特派員としてニューヨークに転勤する川畑篤彦さんに探して欲しいと頼んだんです。すると、川畑さんがブルックリンに架かるウイリアムスバーグ橋でテナーを吹くロリンズを見つけてくれた。ロリンズが活動を再開して最初にリリースしたアルバムが『橋』、これを生み出すまでの雌伏の期間、まさに橋の上で吹いていたわけです。それこそ、修行僧のように。

ロリンズのこの特ダネ、実は同時期にアメリカの「メトロノーム」誌も記事を発表したんです。でも、最初に橋の上のロリンズを発見したのはこちらでした。

日本から世界に先駆けた記事だったというのはわたしの誇りでもあって、それはひょっとしたら新聞社で働いていたことが影響しているのかもしれないと時々思ったりします。読売の社会部には、後に名を上げる新進気鋭の記者がいた。「黒田ジャーナル」を興すことになる黒田清さんや『仁義なき戦い』の原作者の飯干晃一さん。鉛筆を削りながら、彼らのジャーナリスティックな仕事ぶりを見ていましたから。

ところが、日本語版「ダウンビート」も二年弱で廃刊になってしまったんですね。アメリカの本誌から伝わってくる情報を、日本で受け取り発信するまでのタイムラグが原因だったと思います。アメリカで録音されたレコードも、日本では一年以上経ってやっと聞けるような状態でしたから。それに加え、来日するアーティスト自身が生きた情報を持ってくるようにもなった。そうなると、やはり現地まで行かないと新鮮な情報を摑めないわけで、自分でもフラストレーションが溜まっていました。

しかしながら、「スイングジャーナル」というジャズの出版社がある一方で、ポピュラー音楽誌「ミュージックライフ」を出していた新興楽譜出版が新しくジャズの専門誌を出したということは、時代の風潮に応えようとしていた証だったと思います。何しろブレイキーが初上陸して以来、ジャズ喫茶がその人気を盛り上げ、モダンジャズが爆発する予感がありましたからね。

わたしが初めて行った公演が一九五三年、ルイ・アームストロングの初来日でした。当時は来日公演もまだ年に一組ほどだったのに比べると、一年に何組も来日した六〇年代初頭のラッシュは驚きでした。六四年には『ワールドジャズフェスティバル』という一大イベントまであり、J・Jジョンソンや秋吉敏子、ウィントン・ケリーやトミー・ドーシーらとともにマイルス・デイヴィスまでが来日したんです。これほどのビックネームをずらりと呼ぶイベントは前例がなかった。その公演、実はわたしも招聘した会社からアドバイスを頼まれ、顧問として関わっていたんですね。「ダウンビート」の廃刊でフリーランスの身になったばかりで、わずかな顧問料もありがたいものでした。他にもその会社で、同じようなワンパッケージ興業でマックス・ローチ、シェリー・マン、ロイ・ヘインズ、フィリー・ジョー・ジョーンズを集めた四大ドラマーのドラム合戦なる公演にも携わったりもしました。四人のドラマーは、毎年入れ替えをしながら開催。まさに、時代は外タレブームの到来でした。

呼び屋の仕事に身を置きつつ、とにかくジャズで食べていくことを画策しているうち、嬉しいことに「スイングジャーナル」から誘いがあったんですね。本誌の別働隊で、初めて出す臨時増刊号の編集に関わって欲しいという話でした。こうして誕生したのが「モダンジャズ読本」。聴衆に支持されているモダンジャズというひとつの音楽分野、その現状すべてを盛り込んでみようと考えたわけです。内容は、これも嬉しいことに自分のやりたいようにやらせてもらえた。「激動するアメリカのモダンジャズ界」「モダンジャズLP傑作選」……とにかく読者が求めていることに頭を巡らせながら、さまざまな特集を組みました。そして、六五年四月に発売。蓋を開けたら、これが売れたわけです。当然だったかもしれません。ブレイキーが来日してからというもの、モダンジャズブームが日本にも圧倒的といっていいくらいに醸成されていましたからね。渦の真ん中にいた自分にとっては大いにやり甲斐のある仕事でした。

増刊号の評判を受けてか、ついに六七年からは「スイングジャーナル」本誌の編集長を任されることになりました。編集長になってまず企画したのは、人気投票選出のポールウィナーズを集めたコンサートと、新進評論家の登竜門企画でした。ポールウィナーズのコンサートを録音してアルバムにするのは、過去の本誌でも近いことをやっていましたが、わたしは原信夫とシャープス&フラッツが所属する音楽事務所と共催する形でポールウィナーズを一堂に集めた「全日本ジャズフェスティバル」という名目のコンサートを企画、東・名・阪、主要都市開催、そのライブアルバムも出しました。アルバムジャケットのデザインも読者から募集するという思い切ったこともしました。一方、評論の方は、これまでにない若い感性のライターを見つけるため論文を募集しました。悠雅彦さんは、ここからデビューした一人です。いずれの企画も、すでにジャズ界に活気があるわけだから、なるべく自由な発想でさらに活性化できたらと思ったんですね。

同じように当時スタートさせた企画でその後長く「スイングジャーナル」の目玉となったものが二つあります。まずは『スイングジャーナル選定ゴールドディスク』。これは、レコード会社と提携した企画で、スイングジャーナルが毎月一点、おすすめのレコードを選ぶ、そしてレコード会社はその日本盤を発売するというものでした。埋もれたレコードを発掘、お墨付きを与えてファンに広めていくという、いわばキャンペーン企画。ファンがレコードを購入する際のガイドとなるようなものを作りたい、と考えたのが取っかかりだったのですが、これが時代の要請に応えるかたちで大成功したんです。

当時は、ひと月に発売されるLPレコードが三十枚あるかないか。レコード会社にもノウハウの蓄積がない。本当にファンが求めるレコードが、そもそも市場に送り出されているのかどうか分からないわけです。では、自分がその市場を代表する立場になって考えてみたんです。すると、海外では広く発売されていたけど手に入らなかった盤や、原盤がヨーロッパの制作であったためアメリカ盤もしばらく見なかったものがいくつも思い浮かんだ。ジャズ喫茶などで人気を集め、ファンの要望が強かったそういう盤は、往々にして中古レコード店で数万円の値がついて「幻の名盤」と化していました。もし、その盤が新譜で安く発売されたら、自分も買いたい。ならば、その要請に応えよう。この企画は、広くジャズファンにスイングジャーナルが推薦する形でしたが、実はわたしのコレクター気質がダイレクトに発露されたものだったんです。

その第一弾として選ばれたのが、トミー・フラナガンの『オーバー・シーズ』。これは大阪のバンビ時代、もう耳にタコができるほど聞いたアルバムでした。ドラムスのエルヴィン・ジョーンズがワイヤブラシで生み出す鮮やかなプレイに魅せられて、ワイヤブラシを購入し、エルヴィンのプレイを真似たりもしたほどでした。フラナガンは、多くの人にとって、ロリンズの『サキソフォン・コロッサ

トミー・フラナガン『オーバーシーズ』Prestige

ス』のピアニストというくらいの認識で知名度は低かったんです。でも、このリーダー作は名盤には変わりがない。なおかつ、中古市場で八万円の高値がついていたので、第一弾に即決しました。それで発売情報を流すと、一万枚を超える予約注文が入ったんですね。驚いたのはレコード会社でした。こんな数字は見たことがないわけです。最終的には十万枚という前例のないセールスになりました。レコード蒐集熱が高まっていた時代のニーズもありましたが、この企画が後の幻の名盤発掘ブームを巻き起こす発火点になったんですね。

わたしもこの企画に本気でしたので、ディスクレビューを掲載してレコード会社から広告収入をもらって終わり、という雑誌の姿に飽き足らなかったんです。だから、評論家を二人立てて批評を書き、レコードに別格扱いのスイングジャーナル選定ゴールドディスクシールを貼って発売するというアプローチをしたんですね。でも、大量に売らんがために、無理に着飾ることはしなかった。純粋にいい音楽ならば、有名無名を問わず、真に名盤と呼ぶにふさわしいものを発掘し日の目を浴びさせることに注力したんです。この企画でわたしが携わったのは一〇一枚。過去の名盤の発掘に初期は集中しましたが、その底がついた時は、新規の録音でも名盤になりうるものを選びました。思えばバンビ時代、マスターに頼んでレコード購入のため、夜行列車で何度か上京させてもらっていました。限られた予算を握り、新宿のマルミレコードあたりで輸入盤を吟味していた。もちろん、その時は手の届かないレコードも多かったわけです。当時の渇望が、この企画の原動力になったのかもしれません。

レコードを評価するという意図で長年続いた企画がもうひとつあります。スイングジャーナルの事業の柱にもなった『ジャズディスク大賞』です。これは一年に発表された内外のレコードからベストワンを選定するものでした。金賞、銀賞、日本ジャズ賞でスタートし、後にボーカル賞などの部門が増えました。不思議なことにそれまでレコードを評価する賞、いわばアメリカのグラミー賞的なものはなかったんですね。ならば、ジャズ界随一のメディアであるスイングジャーナルがその役割を果たそうという意図がありました。

選考の流れは、まずは編集部が年末にこの一年でリリースされたアルバムの中から有力候補をリストアップ。そこから、委員会で候補作を各賞で絞り込む。レビュー担当の評論家が、候補作のすべてを聞いているわけではないので改めて聞いてもらうようにお願いしました。そして最後は投票してもらい集計、という流れ。デモクラティックな選考方法だったと思います。

でも、結果を誌面の発表だけで終わらせるのは意味がないので、授賞式を開くことを考えたんです。加藤幸三社長に、スイングジャーナル社の年に一度の重要行事にすべく盛大なセレモニーにしてもらえないですかと頼みました。社長が理解のある方で、結果、一流の彫刻家にトロフィーを依頼し、ホテルのパーティー会場を貸し切るほどの授賞式を立ち上げることができたんです。

しかし、あくまでもこの賞はレコードそのものを顕彰する制度なんです。当然、対象はレコード会社になるわけです。だから、どうしてもミュージシャン当人が脚光を浴びづらかった。長年そのことが忍びなかったので、欲張って日本のミュージシャンを讃える南里文雄賞という賞の創設を提案しました。「日本のサッチモ」と呼ばれたトランペッターでパイオニアの一人、南里文雄氏の名を冠して、年間で最も活躍が目覚しかったミュージシャンを顕彰する賞です。その第一回が一九七六年ですから、ジャズディスク大賞を開始して約十年後でした。

今から思うと、日本人ミュージシャンに光をあてるこの賞の創設も、日本のジャズ界の成熟に呼応していたように思えます。というのも、七五年録音の富樫雅彦の『スピリチュアル・ネイチャー』がジャズディスク大賞の金賞を受賞してい

富樫雅彦『スピリチュアル・ネイチャー』East Wind

るんです。それまで秋吉敏子の作品が銀賞を受けたことはあっても、日本人の金賞受賞は初めてでした。富樫のこの作品は日本ジャズ賞も同時受賞しましたが、ジャズディスク大賞というのは全レコードを通してのベストワンなわけで、本当に快挙だったんです。投票した評論家も、富樫の演奏家としての集大成的なアルバムだったので、この成果は世界レベルで認められるべきだという認識があった。それは六〇年代後半から七〇年代にかけ、日本のジャズ界がかつて経験したことがないほどの創造的なエネルギーに満ちていたことと軌を一にしていました。この盛り上がりは、日本人の海外進出とともに、海外から来るミュージシャンとの密度の濃い交流の賜物だったと思います。つまり、日本ジャズ界にも国際化や多様化の波が押し寄せると同時に、それまで内に秘めていたエネルギーがこの時期に一気に爆発し、作品となって外に飛び出したんです。ミュージシャンをサポートする側のプロモーターやマネージャー、クラブのオーナーやレコード会社も、日本人でいいものを作ろうというエネルギーがあり、七〇年代に入るのを境に日本人が吹き込むレコードが劇的に増えました。秋吉敏子、渡辺貞夫、日野皓正らがアメリカでも評価されるようになったのもこの時期です。日本のジャズなんて……と言っている時代はすでに過去となっていました。

自分で企画したこれらの賞が、日本のジャズ隆盛期の一翼を担うことができたのではないかと、今ではいささか自負しています。やはり、それまでになかった権威的な賞を作ることで、レコードメイカーに刺激を与え、意欲的な作品を作るきっかけや目標を提示できたわけですから。また、ポールウィナーズのコンサートやアルバム制作なども、業界の活性化をサポートできた。やはり海外のミュージシャンには敵わないと思いながらも、わたしも日本人として日本の活字媒体でジャズ専門誌を手がけているという矜持があったんです。スイングジャーナルの編集長は、アメリカのジャズの太鼓持ちではない。だから、ジャズディスク大賞に日本ジャズ賞を作り、日本のミュージシャンがカーネギーホールやニューポート・ジャズ・フェスティバルのプログラムに組み込まれる時代が来ることを期待していたわけなんです。ジャズの世界でも、日本が世界と肩を並べて勝負をする時が到来した。それが賞というもので象徴的に現れたのだと思っています。

ミュージシャンの生の声

　ここからしばらくは、話の舞台をアメリカへ移してみたいと思います。初めて渡米したのは、編集長になって二年目。例のように加藤社長を説得し、単独で二週間の旅をしました。スイングジャーナルのような趣味の雑誌での海外取材は前代未聞ということでした。当時は一ドル三六〇円、飛行機はまだプロペラ機です。日本人にとってまだ世界が遠い時代だったんですね。でも、ジャズ雑誌でありながらなぜ本場で取材をしていないのか、自分にはまったく理解ができなかった。いざ編集長になったからには自分で取材し、書き、企画を考え、その一切の責任を持って日本の読者に提供したいと考えたんです。わたしの中では、誰かの売りもので誌面を作るのは日本語版ダウンビートで終わっていました。

　ロサンゼルスで数日滞在し取材。それからニューヨークに飛び、そこを拠点にジャズフェスティバルがある一大避暑地ニューポートへバスで移動という行程でした。その間、ヴィレッジ・ヴァンガードやヴィレッジ・ゲイトといったクラブ、中古レコード店、レコード会社でプロデューサーの仕事ぶりを取材したんです。最優先課題は、海外メディアを通して知っていたジャズの状況と、今現場で起こっていることとのギャップの確認です。それをどうしても自分の目と耳で吸収して、誌面に反映させたいと思っていたんですね。

その中で、特集記事のひとつとして、インタビューした全員に共通の質問をぶつけたいという腹案がありました。だから、ニューポートでばったり会ったミュージシャンにいきなり質問していったんですね。「今のジャズ界の現況について、あなたはどう思っていますか」と。あるミュージシャンは「こんなひどい状況のジャズ界はない」と答えた。予想通りの答えだなと思っていると、別のミュージシャンは「ジャズが、今ほどいい時代を迎えたことはかつてなかった」と答えたんです。理由を聞くと「ジャズがヨーロッパに浸透し、その中から素晴らしいアーティストが出てきている。彼らの成長とともにジャズはこれからますます世界中に広がっていくだろう」と、言うんです。その後のジャズの世界地図は、まさにそうなりました。後者の回答は、ＭＪＱのジョン・ルイスです。この時の彼の何気ない一言に宿った未来へのビジョンと、その洞察力に驚かされたわけです。

ちなみに現状を嘆いた前者は、海外での演奏経験がなく、仕事に恵まれないミュージシャンでした。

やはり、ミュージシャンの生の声は自分の想定を超えたもので、実際に現場に飛び込むことでしか得られないものでした。さらに嬉しいことには、その成果のすべてを独自の色で誌面に打ち出すことができるわけです。手応えを感じたわたしは、ニューポート・ジャズ・フェスティバルなどを絡めながら、その後渡米回数を増やしていきました。そのうち、ミュージシャンに声をかけ「現地座談会」を開くのが恒例になったんです。ロン・カーターの協力を得て彼の自宅を座談会場にしたり、ジャズフェスティバルの合間を縫ってビル・エヴァンスとポール・ブレイが同席したり、企画した自分も驚きの連続でした。

その中で、生涯忘れられないビル・エヴァンスの言葉があります。一九七五年に行った座談会で、メインテーマは「聴衆を獲得することの大切さ」でした。マイルス・デイヴィスがジャズと他分野の音楽を融合させようと精力的に取り組む一方、アート・ブレイキーがレコード会社からロックアルバムを打診されて嘆いていた、そんな七〇年代半ばのことです。電子楽器が登場し、ジャズが、いわばロックになじんだ若者にウケることが市場では求められていた時期。だから、ミュージシャンは売らんがための妥協をするのか、芸術性を追求し売ることを考えなくていいのか、と身の振り方を問われる立場にもなっていたんですね。ビル・エヴァンスに、これについて意見を聞くと「わたしにとって肝心なことは、聴衆の多さを競うことよりも、聞きにきてくれる聴衆の質が問題なのです」と言ったんです。これを聞いて、本当に正直な言葉だと思いました。自分の音楽を聞いてくれる人の数について関心がないということは、自分がやりたいと思うことしかできない、ということでもあるわけです。彼はどんなに聴衆が少なくても、聞いてくれたその個人に深く突き刺さるような音楽をやりたい、と宣言しているんです。この言葉には、メディアの送り手の一人としても自省を促されるようで、目から鱗が落ちる思いでした。

座談会には評論家も参加することもありましたが、そのメインはミュージシャンです。評論家はミュージシャンが作ったものを評論しているので、自分自身では作っていない。だから、創造する主体となるミュージシャン本人に、今置かれている状況がいいのか悪いのか聞きたかったし、その美意識は何に基づいているのかを聞きたかったんです。なぜそこまでミュージシャンの声に固執するのかというと、彼らは我々と一線を画す存在だからです。彼らは自分が生み出すジャズにすべてをかけている一方で、生活を度外視しても芸術性を追求しなければならない宿命を背負っています。難問を解読する評論家の言葉に頷く時もありますが、ミュージシャンの発言に勝る重みはない。人生の試練を常に抱えながら生きている希有な存在だからこそ、彼らの声がわたしたちに響くわけなんです。

そういう理由で、わたしはこれまで無数のミュージシャンに会ってきました。まさに「個性」そのもので生きているような彼らは、取材を受けるスタイルも十人十色です。マイルスは、質問を投げかけるこちらを突き放すタイプ。セロニアス・モンクは、曲についての解説もしなければ突き放すこともせず、いわば唯我独尊タイプ。「オレはオレのジャズをやるだけ」と、インタビューを受けることさえ稀なわけです。そんな中、わたしともっとも馬が合ったのがチック・コリアでした。彼とは、最初の取材からアパートに行ったような仲で、もう半世紀近い付き合いになるんです。もちろん彼とて、曲の説明をしっかりとしない時もあるけど、こちらがお願いするとバッチリと対応してくれる。ミュージシャンとして、演奏の前にいかに他人に理解してもらうことが大切なのかを自覚しているんだと思います。だから自ずと、演奏そのものが相手に理解してもらえるという気持ちがこもったものになっているような気がします。

チックとの交流で、ひとつ印象深いエピソードをお話したいと思います。彼に初めて本格的なインタビューをしたのは一九七一年の夏。当時の彼は、「サークル」という名のカルテットを作って間もない時でした。ロサンゼルスに滞在中、メンバーをホテルに呼んで、まだ聞いたことのない彼らの音楽を想像しながら手探りで質問をしました。取材をひと通り終えると、チックがこれから近くでコンサートをするから来なよと誘ってくれたんです。もちろん、その足で聞きに行きました。誌面作りを想像しながら最後まで聞いていると、いきなりチックが「このバンドは今日で解散です」というアナウンスをしたんですね。インタビューの時はそんな素振りも見せなかったので、もう腰を抜かしたわけです。

その翌年、今度はスイスのモントルー・ジャズ・フェスティバルでチックと偶然一緒になったんです。そうしたら彼が「ミスター・コヤマ、サークルというバンドでは素晴らしいことをやったつもりだったけど、やっぱりお客が聞きに来てくれないと継続はできなかった。あの時は悩んだけど、でも今は新しいバンドができて、聞いてくれる人の心にスーッと入っていくような音楽を作っている」と言うわけです。彼は、モントルーでは新人のベーシストと一緒にスタン・ゲッツのカルテットに参加していて、新しいバンドはその新人らと組んだということでした。新人ベーシストの名はスタンリー・クラーク。当時、二十歳そこそこでしたが、ゲッツのステージで演奏しているのを聞いて、わたしもその凄さに驚いたところでした。それで、興奮してスタンリーに取材を申し込んだんですね。とにかくその演奏を讃えて、チックとのバンドのことも聞くと、アメリカに帰ればアルバム用に録音した音源があるというんです。ならば聞かせて欲しい、と急遽飛行機に同乗してニューヨークについて行ったわけなんです。我ながら、この行動力には呆れますが、ジャズに対しての興味だけはどうしても一直線になってしまうから仕方がない。それで、彼のアパートで、吹き込まれたばかりのテスト盤に針を落としてもらった。その音には本当に鳥肌が立つ思いで、一瞬にして気に入りました。サークルの音とはまったくちがう、これまで聞いたことがない音だった。チックの言う通り、音がスーッとわたしの中に入ってきたんです。

スタンリーにその感動を話していたら、突然、隣の住人が裏庭の方から顔を出して、「スタンリー、早く荷物を用意しな」と言うんです。誰かと思ったら、マイルスとのセッションでも知られる打楽器奏者のアイアート・モレイラだったんです。聞くと、彼も新しいバンドのメンバーで、スタンリーと一緒に同じアパートに引っ越してきたばかりということでした。何でもすぐにツアーに出発するというので、わたしも一緒にアパートを出ることになったんです。一瞬の滞在でしたが、直感でこのグループは当たると確信しました。スイスでチックとスタンリーに会い、ニューヨークでサンプル盤が聞くことができたその流れに必然性があったんです。まだ何も印刷されていない真っ白なサンプル盤を手にニューヨークの街を歩いたのを覚えています。帰国したら、彼らを巻頭に抜擢して次号を作ろうと心が躍った。でもその時、彼らはまだグループ名すらなかったんです。ほどなくして、彼らは自分たちを「リターン・トゥ・フォーエヴァー」と呼ぶようになった。そして、海面を低空飛行しているカモメの写真を使ったファーストアルバムをプレスしたんですね。それが、あの全世界を席巻する伝説のレコードに化けていくことになったんです。

わたしは、チックがサークルからリターン・トゥ・フォーエヴァーに至る大転換の時期に、図らずも居合わせていたんですね。チックは決してサークルでの活動が誤っていたとは思っていない。サークルの演奏はいわばフリージャズでしたが、難解なものを狙ったわけではなく、彼らが集まって無心に創造性を追求すると自然とこういったジャズになるわけです。でも、商業的な成功は収められず、継続できなかった。その変化には、彼がサイエントロジーという宗教思想に傾倒

チック・コリア『リターン・トゥ・フォーエヴァー』ECM

していたことも大きく影響しているんです。ある時、彼のアパートを訪ねたら、真っ白なガウンを羽織って分厚い本を読んでいたことがあった。自分を根底から改革しようとするその姿に彼の苦悩が見てとれたし、信仰についても包み隠さず話してくれました。サークルが不発に終わって、「どうしたら人々とコミュニケートできるか」を模索する中で出会った思想であり、彼にしてみれば、リターン・トゥ・フォーエヴァーは単なる思いつきで生まれたセッションではなく、人生を変えようと動いた先にやっと見えた啓示だったんですね。自分の置かれた状況に悩み、芸術家として進むべき道を探していく中からしか作り出せなかった。その啓示を音楽にまで昇華させたのは、新しいメンバーとの出会いということになるわけです。まずはスタンリー・クラーク。そして、アイアート・モレイラやフルート奏者のジョージ・ファレル。彼らと出会えたからこそ、新しい道が見えてきたんだと思います。

わたしがなぜ、そんな貴重な瞬間に立ち会えたのかというと、ひとつに彼らと頻繁に会っていることが大きいのかもしれません。チックはもちろん、無名のスタンリーにしても、これぞと思ったら一緒に行動してしまうんです。彼らだけでなく、レイ・ブライアントなどは会う前から好きなミュージシャンで、目の前でピアノを聞いたらあまりにも素晴らしくて、もう地球の裏側でもどこでもついて行ってやろうという気になった。また後にお話しますが、彼とはその後、アルバムを十二枚も一緒に作ることになるんです。

またジャコ・パストリアスでいうと、ミロスラフ・ビストスに代わり彼がウェザー・リポートに入ってすぐにジョー・ザビヌルから紹介されたのが最初だったんです。ロサンゼルスのホテルで初めての演奏会が始まる前に、その眼光にピンときたので彼の部屋に行って、生い立ちから始まっていろんな話を聞いたんです。そうしたら彼も勢いに乗ってプライベートまで話し始めた。演奏までの時間が迫ってきたのでお暇しようとすると、彼が「これが初めて受けるインタビューなんだ」というわけです。わたしのミュージシャンへのアプローチにセオリーのようなものはありませんが、あえて言うなら距離を作らず、ひたすら彼らの中に入り込んでいくことでしょうか。だから彼らも、ある種ファミリーになったような感覚を持ってくれると思うんです。

そんな例では、ハービー・ハンコックが結成したVSOPクインテットのニューヨーク公演のことを思い出します。ハービーやウェイン・ショーターとも親しかったので、カーネギーホールでの本番前にリハーサルを見学させてもらっていたんです。ビッグプロジェクトでしたから、もちろん非公開。ハービーやウェインが軽く音を出して温まった頃、いよいよフレディ・ハバードが入ってきて、スタジオには緊張した空気が漂い始めた。その時、ドンっと扉を開けて見知らぬ顔のカメラマンたちが入ってきたんです。歴史的なセッションですから、スクープ狙いかもしれません。でも、彼らは一瞬にしてハービーに追い返されたんですね。それで、わたしも邪魔になるといけないと出ようとすると、ハービーが「コヤマ！　ユーキャンステイ」と制止してくれたんです。この時は本当に嬉しかったのを覚えています。百戦練磨の彼らでも、プレスの人間に会うような時は身構えているわけです。反対に、わたしには仲間だという感覚を持ってくれていたんですね。普段の付き合いの中から自然に、あいつは自分の音楽を理解してくれている、と感じてくれていたんだと思うんです。

わたしが感じたように、ミュージシャンたちもわたしを家族のように感じてくれたのは、ひとつには自分なりのジャズへの向き合い方が影響しているのかもしれません。前にもお話しましたが、わたしはジャズと接する時は古い、新しいという視点で見ず、ただひたすら自分の心に響いたかどうかを考えます。録音でも生演奏でも、それを聞いて自分がワクワクしたり目頭が熱くなったりするかどうかなんです。だから、チックがフリージャズから転向した『リターン・トゥ・フォーエヴァー』を聞いた時も、何のわだかまりもなくその音を素晴らしいと受け止めることができた。受け取ったその実感を共有したいと考えて、グループ発足間もない時でしたけど彼らの大特集を組んだんです。直接会って話を聞いて、それで凄いレコードが発売されると思って喧伝してもズッコケたら格好が悪い。でも、そんなことを微塵も感じない音楽だったから記事にできたわけです。

こうして思い出してみると、スイングジャーナルの時代は海外取材が常態化できたことで、エピソードに事欠かないほど厚みがあります。「行動する編集長」といえば格好がいいですが、わたし自身、デスクから指示を出すだけでは満足できなかったんですね。何しろジャズを聞き始めた頃の夢は、渡航取材することでしたからその通りに自分の足を動かした。この時、スイングジャーナルの過去の誌面では考えもつかなかった環境を作ることができたのは、すべてにおいて自分の自信につながったと思っています。

ラジオ、もう一つのジャーナリズム

一旦ここで舞台を日本に戻して、ラジオの仕事についてお話してみたいと思います。古い記憶をたどってみて驚いたんですが、若干のブランクはあるものの、わたしはラジオのパーソナリティを半世紀以上も続けている計算になるんですね。スイングジャーナルの編集長になる一年ほど前、NHKの軽音楽の担当者から連絡があったのが最初でした。何でも、FMの試験放送を開始するタイミングでジャズ番組を立ち上げるので、隔週でパーソナリティをお願いしたいとのこと。中学の頃から愛聴していた局の音楽番組、しかもパーソナリティのオファーに耳を疑いましたが、ジャズに関わることだし一も二もなくOKしたんです。ちょうど臨時増刊号の編集をしていましたが、比較的時間に余裕があったのでわたしには好都合でした。

スタートは一九六六年四月。試験的な放送ということもあって記憶が曖昧なのですが、たしか『ステレオコンサート　ジャズフラッシュ』という番組名でした。初期の録音で思い出すことといえば、想定していたコメントが尺に収まらず、ディレクターに叱られたことくらいでしょうか。当時の収録メディアはアナログのテープ。だから、予定の尺を超えてしまったらテープをハサミで切って、つなぎ直す必要があったんです。プロなら時間内に収める技術があるんでしょうが、わたしはまったくの素人ですから大変でした。スタジオという密閉空間に緊張して声が上ずってしまうと、「またですかぁ」なんて小言が飛んでくる。「児山さん、もう一回！」の繰り返しで仕事を覚えていったわけなんです。

とはいえ、番組内容に関しては自由にやらせてくれました。ジャズの専門的な知識があるのはわたしですから一任してくれたんだと思います。作業の流れは、収録日に曲名の一覧をディレクターと照らし合わせ、頭から順録りしていくのが基本でした。四、五週間に渡る特番であれば、「蘇る名盤」や「伝説の〜〜シリーズ」といった大きなテーマを事前に提案し、それを編成会議に上げてもらう。オーケーが降りたら、スタジオ入りしていました。着任当初から思っていたのは、やはり音楽番組なので新しい曲をリスナーにいち早く届けたいということ。しかしながら時代はまだ六〇年代の後半です。局にレコードのストックが豊富になかったんですね。だから、古典的な名盤と呼ばれるようなものや、当時NHKとヨーロッパの国営放送が提携していたので、海外の局から届いたテープを流していました。でも、そんな海外の音源の中に、前代未聞というか、これほど前衛的なものを電波に乗せていいのかと思うほどのものがあったんです。今でもはっきりと覚えているのは、ドイツのライブ音源でした。

六〇年代の後半、ヨアヒム・ベーレントという著名な評論家がジャズや現代音楽から新しいムーブメントを次々にステージに乗せていたんですね。そのプロデュースで衝撃的だったのが、ドイツのドナウェッシンゲンミュージックフェスティバルのアーチー・シェップと、アレクサンダー・フォン・シュリッッペンバッハという前衛ピアニストが率いるオーケストラの演奏でした。何が凄かったかというと、とにかく一曲が長いんです。アーチー・シェップは『ワン・フォー・ザ・トレーン』という一曲四十四分のもの。アルバムに収めると片面二十分ほどに編集されますが、この段階では音源がテープですから番組では一曲まるごと流したんです。一方、シュリッペンバッハの録音は二十分強のものが二曲。彼が結成したグローブ・ユニティというヨーロッパ初のフリージャズのオーケストラの演奏で、ジャズに造詣がない人が聞くと放送事故かと思うほどの前衛的な音でした。

アーチー・シェップ『ワン・フォー・ザ・トレーン』SABA

それも、選んだこちらが後ろめたさを感じるほど。ディレクターや編成も、なぜこんな大胆な音源をオンエアさせてくれたのか今でも不思議に思います。

やはりわたし自身、当時のフリージャズという最先端のムーブメントに非常に関心があったんです。編集長になって海外取材に行くようになると真っ先にセシル・テイラーやオーネット・コールマンに接触していたし、こうやって海外からフリージャズ系のテープが送られてくると、いやが応にも紹介したわけですから。雑誌とラジオ、メディアのちがいはあれど、対する姿勢は一緒でした。もし局に音源が豊富にあれば、雑誌で取り上げた曲をラジオですぐに流していたと思います。自分の中では、雑誌の編集とラジオ番組の制作との間に明確な線引きがないんですね。ならば、メディアの送り手として、あなたが重視している視点は？と問われるかもしれません。それには、自分が常に心がけてきたのは「バランスをとること」だったと答えます。誌面でも番組でも、そこにアーチー・シェップやグローブ・ユニティを組み込んだなら、必ずそれと対極にあるような、伝統的でベーシックなジャズを必ず同居させて取り上げてきたんです。

その手法は現在担当している番組『ジャズ・トゥナイト』までずっと変わらずに続けています。今の番組のルーツといえる『ジャズ・クラブ』、その一九八九

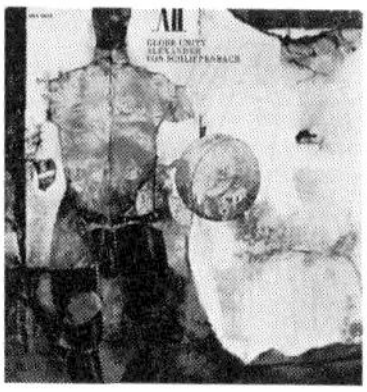

アレクサンダー・フォン・シュリッペンバッハ『グローブ・ユニティ』SABA

年四月八日の初回放送の曲目リストが手元にあるのですが、この日のタイトルが『ベテランとニュースターの競演』というのも合点がいきます。この年の四月がデューク・エリントン生誕九十年に当たっていたので、エラ・フィッツジェラルドがエリントン楽団で吹き込んだ五〇年代の一曲「ロッキン・イン・リズム」からスタートして、ラテンピアノ界からメジャーデビューしたばかりのミッシェル・カミロの新譜から「カリブ」を取り上げて終えています。この回ひとつとってみても、やはり自分はバランスを最重視してきたんだなと思います。

試験放送から本放送に継続してからも基本的に隔週で担当しましたが、各週のパーソナリティはそれぞれ特色をもった方でした。ボーカル系に造詣が深い青木啓さんや、器楽演奏に強い本多俊夫さんがいてバラエティ豊かでした。一番長くご一緒したのは本多さんで、彼はアルトサックス奏者として活躍中の本多俊之さんのお父さんなんですね。ジャズのベーシストから転向した後、民放でもパーソナリティをしたり、スイングジャーナルにも寄稿したりと幅広く活躍されていました。わたしより七歳年長でキャリアもある分、時代を遡って伝統的なジャズを扱われていました。いわば、わたしがニューディスクを中心としたモダンジャズ系の新しいものを紹介するのに対して、本多さんはベーシックなジャズ。元ミュージシャンですし、音楽的な分析など、わたしにはできない内容も番組に盛り込まれていました。

しかしながら、番組初期の頃は、リクエストに時間を置かずに応えるといったような、リスナーの反応をフィードバックできるシステムはありませんでした。今から考えると非常に反省すべき点なのですが、こちらがいいと思う曲を一方的に流していた印象です。だから、経験を積んだ後になりますが、自分からリスナーと交流できるような大きな特集企画を提案したんです。それが『オールデイ・ジャズ・リクエスト』で、朝から晩まで十数時間に渡ってリスナーのリクエストに応えるという企画でした。現在でも、アニメソングなどさまざまなジャンルに特化して続いているんですが、元はというとジャズから始まったんですね。事前にリクエストを募集しつつ、放送とリアルタイムでもＦＡＸと電話で受け付ける。それで一日の最後に、リクエストの多かったアーティストと楽曲を集計しベストテンを発表するという構成なんです。第一回で一位だったのが、ライオネル・ハンプトンの「スターダスト」でした。十五分もある長い曲ですが、長時間の特別企画だからこそ、この曲にリスナーの声が集まったともいえるわけですし、実際

ライオネル・ハンプトン『スターダスト』DECCA

に流すことも可能だったんですね。この時以来、通常の番組にもハガキやメールによる反応が数多く寄せられるようになりました。やはりラジオというメディアは、リスナーとの密接な相互関係で成り立っていると、自分も認識を新たにしたんです。以降、季節毎にリスナーからのリクエスト特集を設けるようになったわけで、『オールデイ・ジャズ・リクエスト』は自分にとって転機となった企画でした。この企画を通せたことは、当時理解のあるプロデューサーと出会えたことも大きかったと思います。

それと、もうひとつ自分から発信し、注目された企画があります。それはNHK-FMのジャンルの異なる音楽番組とコラボレーションする特番なんですね。『ウィークエンドサンシャイン』でポピュラー音楽を扱っているピーター・バラカンさんとご一緒したのがその最初です。一年の締めくくりにあたって、ロックやブルース、ひいてはワールドミュージックというジャンルとジャズとのコラボレーションで目立った音源を紹介するものなんです。年末が近づくと、バラカンさんに「今年は、ワールドミュージックの中にジャズを取りこんだような注目すべき成果はありましたか?」なんて尋ねるところから始めて、音源を持ち寄って交互に流しながら収録するんです。これは、通常の番組と違ってトークが肝です。ジャンルを超えたところで意見を言いあえることが貴重ですから、彼もわたしも選曲をバトルのように楽しんでいました。

というのも、番組制作は孤独なところがあるんですね。一、二時間の番組で選曲してトークをするという完結した作業を、年に四十数回も繰り返しているわけです。そして、暮れに一年を総括するような番組を組みます。ならば、わたしはそういう時こそ、異なる分野との交流の成果も含めた動向を知りたくなるんですね。ＮＨＫ－ＦＭはさまざまな音楽番組がありますけど、それまで番組同士の交流はまったくなかった。だからやりたかったんです。特番はバラカンさん以外には、クラシック番組の黒田恭一さんや後任の諸石幸生さんといった専門家の方たちとも長年一緒にやりました。

思うにこれも、雑誌を作ってきた編集者ゆえの発想なのかもしれません。いわば雑誌は数多くの筆者が活躍してもらう舞台ですから、自分ひとりでは何もできないわけです。「クラシックの演奏家でジャズの曲をやったものがあったら持ってきてください。わたしは反対に、ジャズのミュージシャンがクラシックを演奏したのを持っていきます」という風に、あるひとつのものと対比するものをフュージョン……融合させてみたいんです。そういった複眼的な思考からもジャズを俯瞰して見てみたいというのが、わたしの考えなんです。その発想は、わたしの根っからのジャズ好きという一面が強いと思いますが、やはり音楽が細分化されつつもジャンルが融合してゆく新しい時代の流れを知りたいというジャーナリストとしての一面も強く影響しているように感じます。

この項の最後に、リスナーから受け取った便りでもっとも嬉しかったものをご紹介したいと思います。福井県に住む四十七歳の男性からいただいたものです。「いつも楽しく週末を迎えています。ジャズ・クラブを聴いてまた一週間を頑張ることができます。いつも児山さんが選曲されているジャズを聴いて、選曲の流れがミュージシャンのアドリブのように感じます。児山さんが普段ジャズのＣＤをどれくらい聴いているのか参考にしたいです。これからも楽しいジャズをよろしくお願いいたします」

わたしがこのコメントのどこにグッときたかというと、「アドリブのように」というところなんです。番組を作るための準備はかなり前から始め、収録一週間前には選曲を終えて曲順もほぼ決めています。でも、収録前日になってガラッと組み直すことがあるんですね。二時間の番組のためにすべてを配分していても、やはり曲の順番や、同じ曲でも別の楽器での演奏に変えてみたくなるんです。そのことは、ジャズミュージシャンが演奏する中でアドリブをしているような感覚に近いと思っているんです。一度決めていても、いざその時になってみて自分の体の中で聞こえてくる流れに合わせることで、しっくりといくことがある。だから、リスナーがそういった感覚を見抜いてくれたことに感動したんです。

もうひとつ言えば、番組ではミュージシャンがゲストに来てくれることも多いのですが、これがまったくのぶっつけ本番で、文字通りゲストとセッションをしているという感覚でやっているんですね。ゲストが作ったアルバムのどの曲をかけるかも自分の独断ですし、何を話すのかも決めていない。わたしがこの曲を聞いてこんな感想を持ったということに対して、ミュージシャンたちもアドリブで答えているわけなんです。やはり、リスナーのみなさんは、そんなスリリングなやりとりにもジャズ的な面白みを感じとってくれているのかもしれません。

大統領のジャズパーティ──文化としてのジャズに

再びアメリカに舞台を移してみたいと思います。スイングジャーナルの編集長として十年間の現地取材をして見えてきた、アメリカのジャズ界全体の状況について広くお話してみたいと思います。まず思い出すことは、最初の渡米で「ちょっと前までジャズは黄金期だった」という声をよく聞いたことです。

六〇年代後半はサンフランシスコでヒッピームーブメントが盛り上がった一方、ニューヨークではグリニッジビレッジでジャズが花開いていました。でも、わたしがグリニッジビレッジに出入りし始めた頃にはジャズクラブの閉店も増え、活況も峠を越えたように見えたんですね。それもそのはず、演奏する場所を失ったミュージシャンたちが周辺のソーホー地区にロフトと呼ばれる倉庫を借り、そこに住みながら演奏活動を始めていました。それがいわゆる「ロフトジャズ」の始まりで、後年大きな動きになっていくのですが、当時はまだその走りでした。ともかく、彼らは自宅を開放してお客を呼んで、入場料を投げ入れてもらうほど苦労しながら演奏活動を続けていたんです。

　実際、そういう姿をわたしも何度も目撃しました。ソニー・ロリンズのヴィレッジ・ヴァンガードのライブ盤でベースを弾いているウィルバー・ウェアは、私の好きなベース奏者の一人でしたが、最初のニューヨーク滞在で彼に偶然出会ったんですね。感激して話していたら、「滞在しているホテルに行っていいか」と言うんです。当然オーケーすると、翌日に訪ねてきて「悪いけど、ちょっとお金を貸してくれないか」と無心されたんですね。素晴らしい演奏をレコードで聞いていたので、彼ならしっかりと演奏活動をしていると思っていましたが、これには驚きました。またある時は、ハミエット・ブルイエットというバリトンサックス奏者からリハーサルに誘われたんです。取材がしたい自分には好都合で、彼について行くと、そこは楽器を置いただけのがらんとしたロフトで、何の紹介もないまま居合わせたミュージシャンたちと音合わせを始めたんです。彼らの背中からは、これでいくらかのお金がもらえるという空気が伝わってくるんですね。もちろん謝礼を置いて帰りましたが、これが現地取材して初めてわかった現実で、思い描いていたジャズとの落差を感じずにはいられない出来事でした。

そんな彼らの多くが、アフリカ系アメリカ人のミュージシャンでした。黒人だということが、そういう状況に置かれるに至った一番の理由にはなりませんが、ジャズミュージシャンには黒人が多いわけですし、ジャズ界が一旦不況に陥ると演奏家たちにも厳しい現実が迫ってくることを六〇年代末にまず認識したんですね。それと、ここで自分が目にしたことは、歴史的な観点に立てば、この時代はまだアメリカにおいてもジャズが確固たる文化として認められていなかったことの証のように思えるんです。

ではここからは、ジャズ界が一時の不況から脱し、アメリカの代表的な文化として認知されるようになるまでを、時の政府の文化政策をたどりながら見ていきたいと思います。まず、話は一九五〇年代半ばに遡ります。その頃からアメリカ政府は、世界情勢を鑑み、ジャズを通して世界との融和を図ろうと動き始めたんですね。とにかく、国際紛争を抑え、他国との交流を推し進めていこうとする中にジャズが位置づけられることになった。そんな政策の元、国務省の発信でディジー・ガレスピーやルイ・アームストロングといったジャズ界を代表する演奏家が、音楽使節として中近東や南米諸国に派遣されました。

七〇年代の初頭になり、今度は商務省が「観光資源としてのジャズ」を世界にアピールする政策を立てました。具体的には、七三、七四年の二年に渡り世界中からジャズのメディア関係者がアメリカに招待されたんです。これは実際にジャズの本場でその豊かさを体験してもらうツーリズムのようなものでした。選ばれたのは、フランスでは『ジャズマガジン』の編集長、イギリスからは週刊音楽誌『メロディーメーカー』のジャズ担当者、ドイツは放送局のジャズを担当している音楽部長、メキシコは新聞社の音楽記者、と十四カ国からジャズに携わる一名が呼ばれました。日本からはスイングジャーナルのわたしが参加したんです。まずはビジネスクラスでの渡米。着いたら、ツアー一行で主要都市を観光しながらその土地の有力なミュージシャンに会わせてくれ、インタビューも取りつけてくれる。なおかつ、クラブにフリーパスで演奏を聞きに行けるわけで、わたしにとっては願ったり叶ったりのツアーでした。

他国の同業者たちと情報交換しながら時間を共有できたのもよかったのですが、やはり、ミュージシャンたちと直接交流できたことが収穫でした。ロサンゼルスでは、クインシー・ジョーンズとダウンビートの通信員らを招いての「映画とジャズ」というテーマのディスカッションがあり、ニューヨークから引っ越してきたばかりの秋吉敏子のトシコ＝タバキンカルテットの公演を聞くチャンスもありました。ニューオリンズでは、ジャズ博物館の見学やベテラン歌手エリナ・テイタムの自宅で郷土料理ガンボのご馳走。シカゴ経由でニューヨークに入ると、ちょうどジャズウィークの真っ最中でクラブをハシゴしました。一時期、R＆Bに転向していたハーレムのクラブも再びジャズをフィーチャーし始めたようで、不況から脱した勢いを感じることができたんです。オーネット・コールマンがソーホーに作った「アーティストの家」に足を伸ばすと、ちょうど南アフリカ出身のピアニスト、当時はダラー・ブランドの名で活動していたアブドゥーラ・イブラヒムが呼ばれていて、彼のソロ・ピアノを目の前で聴くチャンスに恵まれました。ここは、オーネットが演奏家のみならず画家や彫刻家たちにも無料でスペースを貸し出していて、創造的なジャズ活動の重要拠点になっているのを肌で感じることができたんですね。七三年の一回目のツアーだけでもこれだけ盛りだくさんでしたが、運のいいことにわたしは二年連続で参加させてもらいました。

五〇年代から七〇年代にかけて、こうしてジャズ界は政府からも「アメリカ文化としてのジャズ」を積極的に求められるようになり、その評価が徐々に国内的、世界的にも高まってきたんですね。そして七八年六月十八日、アメリカ文化の代表として認められる象徴的な出来事がありました。それが、ジミー・カーター大統領が五十人のミュージシャンと六百人のジャズ関係者をホワイトハウスに招いた、前例のない歴史的なジャズフェスティバルでした。出演したミュージシャンは、デクスター・ゴードン、イリノイ・ジャケー、ディジー・ガレスピー、ハービー・ハンコック、ロン・カーター、トニー・ウィリアムス、オーネット・コールマン、セシル・テイラー、ジョージ・ベンソン、チック・コリア、ライオネル・ハンプトン、ズート・シムズ、レイ・ブラウン、スタン・ゲッツ、マッコイ・タイナー、マックス・ローチ、ジェリー・マリガン……と、超一流ばかり。他にも、ギル・エヴァンスやゲイリー・バートンも招待され、チャールス・ミンガスに至っては重病をおして車椅子で参加していたんです。

なぜホワイトハウスで行われることになったかというと、これはカーター大統領の一声です。そもそもカーター大統領は、大学時代にグリニッジビレッジのクラブに足繁く通い、自らもサックスを嗜むほどのジャズ愛好家だったんです。これ以前にも、ホワイトハウスでは、デューク・エリントンの七十歳の祝賀コンサートを催したことはあるのですが、それは個人の業績を讃えるものであって、このようなジャズ界全体を呼び込むようなイベントは異例でした。そこには、やはり五〇年代から行われてきた文化政策の延長線上にこのイベントがあり、またジャズから切り離して考えることができない公民権運動、人種差別に反対する国民の期待に理解を示そうという政府の姿勢があったんです。カーター大統領のこの日のスピーチがそういった姿勢をはっきりと現していたんですね。

「ジャズはアメリカが生んだ独自の音楽芸術です。ジャズこそがアメリカ人が誇りとする独立精神と表現の自由の象徴だと思います。演奏者の多くが黒人だったこともあり、ジャズは当初なかなか社会的に認められませんでした。特に人種差別の激しかった南部では、その傾向が強かったようです。しかし、わたしはアメリカが生んだこの独特の音楽芸術が人種差別の壁を打ち破るのにどれほど大きな力を発揮したかをよく知っています。そして、今やジャズはアメリカ全土を席巻しているばかりでなく、世界の諸外国でも理解されるようになりました」

開幕の冒頭、大統領の口から発せられたこのスピーチは率直なメッセージでもあったんです。聴衆だけでなく、ミュージシャンたちにも強い感銘を与えずにはいられないものでした。実はこのスピーチをわたしも参加者としてその場で聞いていたんです。その光栄に預ることが分かったのは、コンサートの前月でした。

スイングジャーナルのオフィスに大統領府の紋章が入った招待状が届いたんです。例年通り、夏の海外取材を計画しようと思った矢先のビッグニュースでした。しかも外国人ジャーナリストで招かれているのはわたしだけということ。

なぜわたしの元に招待状が届いたのかというと、ひとつにスイングジャーナルの編集長であるということが大きかったと思います。最初の渡米でレコード会社のプロデューサーたちと会った時も、「お前があの雑誌の編集長か」と言われるほど、スイングジャーナルは知られた存在だったんですね。少し不思議でしたが、レコードを日本にプロモーションした際に取り上げる媒体だし、『スイングジャーナル選定ゴールドディスク』などで驚くようなセールスを上げたことも伝わっていたのだと思うんですね。それに、アメリカの雑誌は薄いものが多いですが、スイングジャーナルはグラビアやカラー写真も多彩で、何百ページもあるプロダクツとしても珍しいのでよく覚えられていたんです。

スイングジャーナルとは別に、わたしの個人的な理由もありました。アート・ブレイキー以来、影響力のあるミュージシャンが日本を訪れるようになり、六四年の「ワールドジャズフェスティバル」では、マイルス・デイヴィスをはじめミュージシャンが大挙して来日したことは前にお話しました。その公演をアメリカ側からプロデュースしたのが、ニューポート・ジャズ・フェスティバルの主宰者として知られるジョージ・ウェインという人物なんです。実は、カーター大統領主催のコンサートの七八年、ニューポートが二十五周年の節目を迎えるにあたって、ジョージ・ウェインが「ホワイトハウスで一晩コンサートをやりませんか」と政府に働きかけたことでこの公演が実現する運びになったんですね。そんな彼を、わたしはコンサートの招聘会社で顧問をしていた六〇年代の頭から知っていたわけです。その後渡米するたびに、今度はジョージ・ウェインの片腕で広報担当のチャールズ・ブルジョワに世話になるという経緯があって、チャールズとは無二の親友とまで呼べる間柄になっていました。ゆえに、わたしの元に招待状が届いたというわけなんです。

コンサート当日は六月にしては非常に暑かったんですね。変な話ですが、会場にはワイシャツを着てネクタイを締めて行ったほうがいいのか、散散迷ったことを今でも思い出すんです。ジャズフェスティバルとはいえ、ホワイトハウスでカーター夫妻が主催するわけだから、やはり失礼のないようにネクタイを絞めてホテルを出発しました。チャールズ・ブルジョワからは定刻の三時間前にホワイトハウスに着くようにと言われていたので、門が開く前に会場に入った。当然ですがまだ人はいなく、警備員が警察犬を使って不審物が仕掛けられていないか調べているのが目立つくらいでした。チャールズやジョージ・ウェインに挨拶をして、ミュージシャンたちが音合わせをしているのを聞いていたんです。でも、チャールズが早く来いと言ったからには何かあるかもしれないと思っていたら、カーター大統領がふらっと出てきたんです。これは予想しなかったことで、ミュージシャンたちも演奏の手を止めて、こんな機会はないと握手を求め始めました。レナード・フェザーという親しくしていた評論家が、「コヤマ、一緒に並ぼう」と呼んでくれて、わたしも握手の列に並びました。本当に長い列で、わたしはオーネット・コールマンの背中を見ながら待ったんです。

夕方の六時半に始まったフェスティバルは、四時間を過ぎてやっと終わるという、ミュージシャンも聴衆も興奮した文句なしの内容でした。ラグタイムの人間国宝ともいうべきユービー・ブレイクからセシル・テイラーのソロまでを一度に聞くことで、いかにジャズピアノが多彩な世界なのかが分かるような気がしました。そして、ソニー・ロリンズとマックス・ローチの五〇年代以来のセッションです。そんな夢の再会を、マッコイ・タイナーとロン・カーターのカルテットで聞けたことは、これ以上ない贅沢といってよかった。火の吹くような圧倒的なアドリブを見せてくれたのは、ハービー・ハンコック、ロン・カーター、トニー・ウィリアムスを従えたジョージ・ベンソンのギターでした。

でも、その中でもっとも感動を集めたのは、車椅子で来場していたチャールス・ミンガスをジョージ・ウェインがステージから激励した瞬間だったかもしれません。ジョージが、肉体が自由にならないミンガスのその強靭な精神力と偉大な功績を讃えると、会場の全員が立ち上がって彼に拍手を送ったんです。そして、大統領がミンガスに近づいて声をかけると、感極まった彼は大泣きしたんですね。それも、顔を皺くちゃにしてあたりかまわず泣いたわけなんです。病の身である今の自分に不甲斐なさを感じつつも、ミュージシャンとしてリスペクトしてもらえたことの喜び。また、長く公民権運動にも参加してきたことを知る人たちからの激励に、自分の人生が報われたように感じたのかもしれません。そして定刻はとっくに過ぎていたのに、大統領がステージに上がって、「わたしはこの後も一番前に座ってもう少し演奏を聞いていたいんで、お帰りになる方はどうぞ」というような話をしたんです。もちろん、それを聞いて帰る人はいなかったのですが、カーター大統領の破天荒なふるまいに、ジャズという音楽だからこそ許されるような自由さも感じたんです。

ホワイトハウスに多くのミュージシャンが招待され、大統領と握手を交わしたフェスティバル……今から考えてもこれ以上ない濃密な時間で、あっという間に過ぎ去った夢のような時間でした。本当に前例のないことで、ジャズ界での評価も高く、歴史的な出来事として多くのミュージシャンの心に深く刻まれるイベントになったのは間違いありません。では、その場に立ち会えたわたしはというと、参加した外国人ジャーナリストが自分だけだったといわれても今ひとつ現実感がない、という気がしています。わたしの経歴を見た人に、「ホワイトハウスのジャズフェスティバルにも招かれて、これは名誉ですよね」と聞かれて初めて、これは異例の出来事だったんだなと思い直したんです。ホワイトハウスに足を踏み入れたことが栄誉ではなく、一日限りのあの素晴らしい演奏を聞けたことに感謝したいんですね。このフェスティバルで分かったことは、その誕生以来、長年差別や不況とも戦ってきたジャズが、大統領が認めるほどの誇れる文化にまで成熟したということだろうと思います。わたしはその一日を、またそれまでの十年を傍目で見させてもらっていたにすぎないのだと思っています。

Ⅱ

つくり手の視点から

プロデュースの道へ

前章は、おもに編集者として関わることで見えてきたジャズ界の状況をお話してきました。ここからは、そこにレコード制作者の視点を加えて続けていきたいと思います。突然、レコード制作という言葉を出しましたが、実はホワイトハウスのイベントの翌年、レコード会社に転職することになりました。その理由は、日本フォノグラムの伊藤信哉社長がとにかく熱心に誘ってくれたことでした。編集長の肩書きを捨ててまで、なぜ？　と、思われる方もいるかもしれません。もちろん海外取材を十年続けた末、ビッグイベントに立ち会えたのは記者のひとりとして幸せなことでした。その達成感から何か別の仕事をしたくなった……とは簡単につながらないんですね。転職した真意は、一にも二にも伊藤さんの熱意に折れたということだったんです。自分でも不思議に思うのですが、人生の大きな転機は、いつも人から与えられる形で動いてきたことばかりなんですね。ダウンビートに請われた時も、スイングジャーナルを任された時も同じです。すべて外から役職を与えられて、その範囲の中で自分のできることや、やりたいことを考えながら進んできたんです。ただ運がいいのか、誰かの機嫌をとりながら仕事をもらったこともなければ、自分から売り込んだこともなかった。「あなたは、与えられることすべてに応えられる柔軟さがあるんですね」と言われるかもしれませんが、わたしにとってはすべてがジャズに関わることであって、これまでどんな仕事でも難しいと感じたことは一度もないんですね。

七九年の五月から日本フォノグラムの制作担当取締役になりました。自分にとっては未知の領域にも関わらず、伊藤さんがスイングジャーナルの仕事を評価してくれ、いきなり役員という待遇でした。わたしへの期待も尋常ではなく、数カ月後には「そのうち専務になってもらうから」と言われたんですね。ひょっとして、後継者として会社を引っ張っていって欲しいと思ってくれたのかもしれません。でも、ここで先に打ち明けてしまうと、わたしは日本フォノグラムを二年で辞めてしまったんですね。理由を一言で言うと、社長の狙いとわたしへの見込みとの間にギャップがあったということです。十数人で動く専門誌とちがいレコード会社はかなりの社員がいるわけで、ジャズのセクションにだけ力を注げば済むということでもなかった。「成績」と言われても、サラリーマン経験がまったくない自分には正直ピンとこなかったんですね。

しかしながら、入社したからには自分がやれることに全力で取り組みました。もちろん最初に、レコードを制作するという目標を立てました。それも自分たちで作る、自主制作の音源ということです。それまで、フォノグラムではジャズ部門は海外のフィリップス社から供給される音源を日本で発売することが主要な仕事でした。ただ内容的には満足できるものではなかった。そこで日本独自にジャズを作ろうと、新規で開拓することになりました。となると、海外事情に強いわたしの場合は、必然的にアメリカに行って音源を作りたいと考えるんですね。あるいは、才能がありながらレコーディングの機会がない日本のミュージシャンに光を当て、海外に紹介できるような音源を作りたいと考えたんです。海外から供給される音源に魅力がなければ、自分たちで作って日本だけでなく海外でも発表すればいいわけですから。

わたしが実際にプロデューサーとして指揮をとったレコードをいくつかご紹介

したいと思います。

まずは、スペインの天才的なフラメンコギタリストのパコ・デ・ルシアにラリー・コリエル、ジョン・マクラフリンというギターの名手二人が加わった『カストロ・マリン』。これは、八〇年に三人がスーパーギターという公演で来日した合間を縫って、スタジオレコーディングしたものです。おそらくわたしがフォノグラム在籍時代にプロデュースした中で、もっとも歴史的価値の高い盤だと思います。何しろ、パコ、ラリー、マクラフリンという世界的に功績が認められている三人がツアーをしたのはこの年だけで、彼ら三人の唯一の録音になるわけです。たった一度のタイミングを摑まえられたのが、今でも不思議に思います。

でも、もしこれをオランダの親会社のフィリップスが制作していたら、世界的に名声のついたアルバムになっていたんではないでしょうか。これは非常に残念なことなのですが、国際的に通用するハイレベルなものを作っても、日本からの発信だと結局無視されるんですね。詳しくは後にお話しますが、ジョン・ルイスがバッハに取り組んだ画期的なレコードを作った時も、親会社は「日本でバッハのジャズバージョンを作っているらしいけど、何やっているのかね」という部外者に対するような調子で、アメリカで一部を発売しただけに終わったんですね。

パコ・デ・ルシア『カストロ・マリン』Philips

クラシックの本場ヨーロッパからすると、ジョンのような世界的ミュージシャンの録音でも、自分たちのテリトリーが侵されるという意識しかないのだと思うんですね。ジャズはアメリカのもの、クラシックはヨーロッパのものという厚い壁がある。ジョンのアルバムは伊藤社長のアイデアでしたが、彼にクラシックを弾かせるということ自体、そもそもヨーロッパでは出てこない発想なんですね。反対にいうと、そんな自由な発想をできることが日本で制作する強みであり面白さでもあるように思えるんです。

続いては、ミュージシャンの遺作になった二作をご紹介します。

まずは、伝説的なジャズボーカリストのビリー・エクスタインです。そもそもの発端は、一九八六年夏のニューポート・ジャズ・フェスティバルで偶然ステージを見る機会があって、まだこんなに歌えるのに長らくレコードを作っていないのが惜しいなと思ったのがきっかけでした。思い立ったが吉日、その足で楽屋に行き、ビリーに是非アルバムを作りたいと伝えたんです。初対面でしたが熱意が通じて、彼も即決してくれたんですね。そこでわたしが考えたのが、サックス奏者のベニー・カーターをゲストに呼ぶというアイデアでした。ベニーは彼と同じ七〇代にも関わらず現役で、同時期に活躍したこともあって往年のビリーの姿を知る存在だったんですね。そんなベニーが、ビリー・エクスタインのバックでアルトを聞かせるなんていう粋な企画は、誰も思いつかないと踏んだんです。なおかつ、そこにヘレン・メリルにデュエットで一曲参加してもらってビリーに花をもたせることができたら、これは夢のようなレコードになると考えました。これが素晴らしいことに、そのアイデア通りにセッティングできたんですね。

でも、レコーディングはスムーズには進みませんでした。ニューヨークのスタジオにビリーがなかなか姿を現さないんです。おまけに、ロサンゼルスから呼んだベニーは日帰りの予定。延々と待っている時間もないので、ビリーの歌唱がすべて頭に入っている専属ピアニストに先導してもらって、とにかくカラオケを録り始めたんですね。そうしている間に御大がひょっこりと顔を出したわけなんです。そんな苦労もありましたが、とにかく自分の頭に思い描いていた世界がそのままパッケージできました。『ビリー・エクスタイン・シングス・ウィズ・ベニー・カーター』というタイトルを付けたアルバムは、嬉しいことにグラミー賞にもノミネートされたんです。

もうひとつ遺作となったのが、ピアニストのフィニアス・ニューボーンのアルバムです。五〇年代に超絶技巧で名を馳せた彼も、六〇年代後半になると消息が

『ビリー・エクスタイン・シングス・ウィズ・ベニー・カーター』
Mercury

摑めなくなり、一九七五年になってやっと新作を録音したという朗報が聞こえてきました。それで、どうしているのか知りたくなり、居場所を突き止めてメンフィスまで会いに行きました。彼はメンタルホスピタルに入っていたんですね。疾患を抱えたフィニアスにショックを受けつつも、念願のインタビューが叶ったので生い立ちやバド・パウエルとのエピソード、そして最新作のことなどを聞きました。そうしているうちに、無性にフィニアスのピアノが聞きたくなった。それでマネージャーに、いつか彼のレコーディングをさせて欲しいと伝えました。マネージャーは、調子がよくなったら連絡するという返事をくれました。

録音はそれから数年待ちました。それが『サムシング・トゥ・セイ』というアルバムに成就したのですが、評論家にライナーノーツを依頼しても、褒め言葉を見つけるのが難しく引き受けられないと言われるくらいフィニアスの衰えが滲み出たものになりました。もちろん、収録現場にいたわたしも心身ともに健やかな彼のレコーディングをしているつもりはなく、自分の心の中にある輝かしい名ピアニストをダブらせながら聞いていたほどなんです。贅沢と言われれば本当にそうなのですが、この作品は演奏が完璧かどうかに関わらず、ひとりのミュージシャンの今の姿を残したいという気持ちが強かった。「ヒットを狙う」という通常

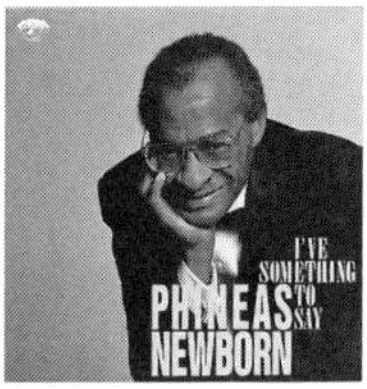

フィニアス・ニューボーン Jr.『サムシング・トゥ・セイ』EmArcy

のプロダクションの範疇を超えた、非常にプライベートな録音でした。そういう意味でも、自分にとっては忘れられない一枚になったんです。

これを制作したのはフォノグラムを辞めた後でしたが、やはりレコード会社の要望としては、ヒットさせることが至上命題となるわけです。ご覧のように、わたしがプロデュースしたレコードは、会社全体の成績を左右するようなものとは縁がないんですね。ヒットを念頭に企画を立てたということは、一度もなかったといっていい。セールスを度外視した上で、自分が新しく一緒にやりたいと思ったアーティストや、それまで心を開いて付き合っているミュージシャンに声をかけているだけなんです。

スイングジャーナルの時代から、電話一本でオファーに応じてくれるような関係を築けたミュージシャンが数多くいて、そのひとりがヘレン・メリルなんですね。彼女とは、ビリー・エクスタインの録音だけでなく精力的に仕事をした長年の朋友でもあります。最後に、そんなヘレンに一肌脱いだもらった一枚をご紹介したいと思います。彼女とギル・エヴァンスの『コラボレーション』です。

一九五〇年代、ヘレンは『ドリーム・オブ・ユー』でギルのオーケストラと一度共演していましたが、ギルが亡くなる数年前に最後に顔合わせできた記念のレ

ヘレン・メリル，ギル・エヴァンス『コラボレーション』EmArcy

コードになりました。その意味でも歴史的な意義があり、自分にとっても誇れるアルバムになったのですが、これが経験上もっとも困難なレコーディングだったんですね。それは、どういうことかというと、ギル・エヴァンスという唯一無二の芸術家に関係しています。彼の遅筆はもはや伝説としてよく知られていたことなのですが、その尋常でないさまを目の当たりにしたわけなんです。

レコーディング当日、何十人ものミュージシャンがスタジオに入り、いつでも録音を開始できる状態に整っていました。でも、指揮台に立って指示するはずのギルがいないんですね。どうしているかというと、床に座って譜面をずっとにらんでいる。通常の進行では考えもしないことで、唖然としました。スタジオに入れば、当然その一分一秒が箱代に消え、予定を過ぎればミュージシャンのギャラに関わってきます。それでなくても、当初から予定していた予算がとっくに底をついていたんです。大物のギルですから、何度も足を運び関係を築いた上で当日を迎えていたのに、フタを開けたらその状態ですから頭を抱えました。

しかしながら、とにかくギルが十何人ものミュージシャンに向かって指揮し、ヘレンが「サマータイム」を歌ってレコーディングを終えることができました。この時ばかりは、何とか成立したと胸を撫でおろしながらヘレンと抱き合って泣きました。しかし、ギルが翌日もう一度スタジオに来てくれと言うんです。戦々恐々として行くと、何とソプラノサックスを持ったスティーブ・レイシーがマイクを前に立っていたんです。ギルが彼を呼んでいて、サックスもダビングしてサマータイムに入れ込むから、と言うんですね。これには驚きました。昨日まで見ていた譜面には、スティーブのパートはないわけなんですから。でもギルは、もうこちらに予算が尽きているのをわかっているので、靴の中から百ドル紙幣を取り出して彼に渡していました。

ギルの創作には終わりがないんですね。プロであれば、当然その時間内で妥協点を見つけたり、さまざまな判断をするわけですよね。でも、彼は自分自身を満足させたい。それが、芸術家としての彼の生きざまになっているんです。わたしも、ギルのそんな姿を見ているから、とても恨むことができないんですね。アルバムが曲がりなりにも完成し、自分が誇れるものになったことについては満足していますが、その生みの苦しみはそれまで経験したことがなかった。お前は何を作ったんだ、と問われたらこれを真っ先に挙げたいと思います。

NEXT WAVEの創設—日本ジャズを発信する

前項で取り上げたように、わたしがプロデュースするのはアメリカ取材の経験から、自然と外国人と一緒に作る機会が多かったんです。しかしその一方で、日本人とも多くのアルバムを録音しました。フォノグラムに「NEXT WAVE」というレーベルを設けて、一九八〇年から二年間で十一枚のアルバムを連続リリースしたんです。もちろん六〇年代末から七〇年代にかけてのジャズレコードの黄金時代を引き継ぎ、業界をさらに盛り上げたいという意図もありました。しかし一番の理由は、海外も重要だが国内のアーティストも見過ごすことはできないという使命感のようなものがあったんです。だから自分が企画するなら、誰も思いつかないような顔合わせにしたいと考えた。そんなレコードのひとつが、サックス奏者の松本英彦をニューヨークに連れて行き、ハンク・ジョーンズ率いるグレイト・ジャズ・トリオと共演するという企画になったんです。

同業のプロデューサーは、なぜそんな無駄なことをするのかと思ったかもしれません。松本英彦は日本のトップだし、同じ日本人のトップクラスを集めて代々木辺りのスタジオに入れば御の字、というのが通常の発想ですから。もちろん予算面を考慮してもその方が無難です。でも、十七年ぶりにニューヨークに出向く松本にしてみれば、ハンク・ジョーンズ、エディ・ゴメス、アル・フォスターのトリオとセッションするということでモチベーションが格段にちがってくるわけなんです。要は、この企画はミュージシャンたちが新たな創造性を発揮できる舞台を作りたかったんです。「NEXT WAVE」というネーミングも、人が考えつかないような一歩先のアイデアを実現する意味のNEXTと、参加するミュージシャンに次なるWAVEを起こして欲しいという思いから来ているんです。

NEXT WAVEの第一弾は、山下洋輔と富樫雅彦の組み合わせでした。このふたりは、ピアノと打楽器、そのトップアーティストでありながら一度も正式な顔合わせがなかったんですね。それもそのはず、彼らのパーソナリティや生きる世界は水と油ほどちがっていて、そういう者同士を引きあわせることは普通考えない。それに、オファーしてもオーケーしてくれるかどうかも分からない。

山下洋輔については、以前よりわたしは、個性が強いため世界観がひとつに確

松本英彦『ザ・セッション　スリーピー・ミーツ・ザ・グレイト・ジャズ・トリオ』NEXT WAVE

立されすぎていると感じていました。だからこの企画で、いつも彼が自分のやりたいようにやっているその世界を誰かにぶち破らせたいと思ったんですね。その相手は誰がふさわしいかと考えたら、当時は富樫雅彦だったんです。決定的にお互いを壊してしまうことにはならず、未知なる世界に導かれるような共同作業ができると思ったんです。もちろんオーケーがでるかどうか分かりませんでしたが、オファーすると、二人ともすんなり頷いてくれたんです。それもそのはず、二人はジャズ界の宮本武蔵と佐々木小次郎のようなもので、互いに頂点にいるので相手にとって不足がないんですね。レコーディングは、余計な心配をすることなく進みました。期待通り、次々と今までに聞いたことがない音が飛び出してきたんですね。その録音に『兆（Kizashi）』というタイトルを付けました。結果は言わずもがな、日本ジャズ賞を受賞する一枚になったんです。

NEXT WAVEのラインナップで思いがけなかったのは、ドイツ録音のライブ盤を出せたことです。そのきっかけは、ラジオ番組の項で名前を出したドイツのヨアヒム・ベーレントからの連絡でした。彼は評論家としても有名ですが、例のドナウエッシンゲンで行われている現代音楽祭にプロデューサーとして関わって

山下洋輔，富樫雅彦『兆』NEXT WAVE

いたんですね。何でも、八〇年の秋に同フェスティバルで日本のジャズを特集したいので、一緒に人選して欲しいということでした。その後来日した彼と、さまざまな公演を聴きに行き、ミュージシャンを絞り込みました。結果、日本から梅津和時と原田依幸のデュオと国仲勝男のカルテット、そして彼らに富樫雅彦の打楽器、佐藤允彦のピアノと山本邦山の尺八を加えたオールスターズの三グループを送り出すことになりました。ヨアヒムには返礼に公演を録音してもらい、マスターテープを提供してもらうという約束を取りつけたんですね。

わたしがこの時、ヨアヒムに真っ先に推薦したのも富樫だったんです。やはり、彼の芸術家としての存在に惹かれてしまうんですね。ドナウエッシンゲンから帰国後、彼の体調が思わしくなく自宅から外出できない時も、折に触れて訪ねていました。下半身不随という肉体的なハンデがありながら、新たな技術を獲得していく彼の精神力には目を見張るものがあったんです。話が少し逸れましたが、八〇年代初頭のこの時、富樫やジャズ界の精鋭たちによる海外公演が三枚のレコードに記録できたことは、歴史に残る大きな成果だったと思っています。ニューポートやモンタレー、スイスのモントルーといった日本人がそれまでに参加していたジャズフェスティバルではなく、ドイツの由緒あるミュージックフェスティバ

梅津和時，原田依幸『Danke』NEXT WAVE

ルへの出演は画期的な出来事でしたから。それもこれも、ヨアヒム・ベーレントの発想と熱意による貢献が大きかったと思います。

ヨアヒムは評論家であり音楽祭のプロデューサーでしたが、レコードプロデューサーという意味では、わたしは長年マイルス・デイヴィスの作品を送り出したテオ・マセロを尊敬していました。テオ・マセロは元サックス奏者で作曲家や編曲家としても活躍した後、五七年にCBSコロンビアに入社してプロデューサーに転身した人物です。レコードを作るようになってからはマイルス、デューク・エリントン、デイヴ・ブルーベックという傘下のアーティストに加え、セロニアス・モンクやチャールス・ミンガスを迎え入れ、CBSのジャズ部門に黄金時代をもたらしたんですね。

テオと知り合ったのは六九年、二度目のアメリカ取材の時でした。以来、渡米のたびにレコーディングを見せてもらいました。彼は、長年の経験に基づく知恵と人脈を山のように持っているわけで、私も彼にアルバム制作を数多く依頼しました。とにかくレコード作りにかけてはテオはプロ中のプロです。わたしが目指す、音楽に精通し、決断が早く、ユーモアがある、という三拍子揃った存在なんですね。テオは、ミュージシャンにとって彼らが今までに体験したことのないよ

国仲勝男『Dancing Islands』NEXT WAVE

うなレコーディング環境を作ることができる。何よりも、大物ミュージシャンと仕事を続けていることがそれを物語っているし、実際にマイルスが『ゲット・アップ・ウィズ・イット』でデューク・エリントンの死に捧げた演奏をした時も、彼を精神的にも技術的にもサポートし、デュークの精霊が降りてくるかのような神秘的な吹き込みを影で演出したんですね。

　そんなテオを脇で見ながら、わたしも自分でプロデュースするならばミュージシャンたちの創造性を広げるような仕事をしたいと考えていました。だから、NEXT WAVEでは伸び代のあるミュージシャンたちを選んだんです。松本英彦とグレイト・ジャズ・トリオ、山下洋輔と富樫雅彦……でも、もの珍しい組み合わせにこだわったわけではないんですね。ミュージシャンひとりひとりが、いまだ作り出したことのない音を創造できる舞台をセッティングしたかった。レコーディングそのものが、ミュージシャンの生涯で新しい体験となるために、個性をぶつかりあわせる顔合わせが必要だったんですね。新しいレーベルにも関わらず、大御所といえる人ばかり選んだのは、長年の経験がある彼らこそが大きく変えられる幅があると思ったからです。わたし自身の関心は、ベテランと呼ばれる彼らがどんな新芽を出すかにあったんです。

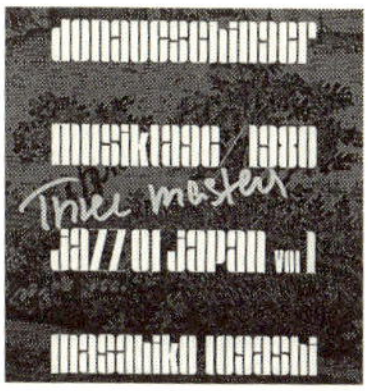

富樫雅彦『スリー・マスターズ』NEXT WAVE

とはいえNEXT WAVEにも、新人のミュージシャンもいなかったわけではありません。ミッチェル・フォアマンというピアニストと、デヴィッド・フリーゼンというベース奏者のそれぞれのデビュー盤を作りました。ミッチェルは、ベテランミュージシャンに交じって演奏しているのを見て心が動いたんです。レコードを作るならば彼のソロで勝負しようと、ニューヨークでのソロ公演をライブ録音しました。デヴィッドはワシントン州在住のローカルミュージシャンでした。あるフェスティバルで演奏を聞いた後、彼と話していたら日本の禅文化に強く関心があるのが分かったんです。ならば、山本邦山の尺八とセッションさせたら面白いだろうと東京に呼んで、ピアノの佐藤允彦を加えて録音したんですね。ミッチェルもデヴィッドも期待したほど大成しなかったミュージシャンですが、彼らと出会った時に直感したアイデアをすぐに実行できたことには満足しています。あの時の、若くて勢いのある演奏がレコードという形で残るんですから。こんな時にも、「記録する」という語源を持つレコードという音楽メディアの素晴らしさを感じます。

最後に、NEXT WAVEでのこだわりを、もうひとつお話したいと思います。

『ミッチェル・フォアマン・ライブ』NEXT WAVE

自分は、レーベルを一から作るのだから、そこには他とちがう特色があることを最大限にして伝えたいと思っていました。それは、第一に録音した音に表現したのですが、その音をパッケージするジャケット自体も他と差別化したかったんです。レコードというプロダクトを、まるごとプロデュースしたいと考えたんですね。だからジャケットデザインは、大阪時代からの旧知の仲であり、すでに日本のグラフィック・デザイン界を背負う存在になっていた田中一光さんにお願いしました。十一枚をシリーズでデザインしてもらったんですね。当時のジャパニーズモダンと呼べるような斬新なビジュアルになったと思っています。

また、日本制作でありながら、海外で目にした時にもその内容を理解してもらえるように、ライナーノーツは日本語と英語の両方を併記しました。レーベルのコンセプトは、海外にも通用する日本のジャズですから、そのくらいの仕掛けは必要だと思ったんです。残念ながら、ドナウエッシンゲンの三枚が契約期限後に海外で発売された以外は日本国内のみのリリースでしたが、欧文邦文の同時掲載は新しい試みだったと思っています。例をあげると、ミッチェル・フォアマンのライブ盤は、邦文が佐藤秀樹。欧文は、ホワイトハウスのフェスティバルでも一緒だった著名な評論家のレナード・フェザーに頼みました。富樫と山下の『兆ラ

山本邦山，デヴィッド・フリーゼン『邦山，フリーゼン+1』
NEXT WAVE

イブ』には、青木和富の邦文と油井正一の欧文。テナーサックスの宮沢昭のリーダー作『マイ・ピッコロ』の執筆陣は、何と内田修、藤井健夫、清水俊彦の豪華邦文三本立てで、わたしが欧文を書きました。清水俊彦さんはスイングジャーナル時代から付き合いがあった詩人です。非常に遅筆で有名な方だったのですが、書く文章に敬服していたんですね。それで、この時音源が素晴らしいものができあがったので、ここぞとばかりに依頼した記憶があります。

　スイングジャーナルにいたアメリカ取材に強いジャーナリスト。日本フォノグラムというヨーロッパ傘下のレコード会社のプロデューサー。わたしはそんな海外事情に詳しい人間として周囲に認知されていましたが、ここで日本のミュージシャンとともにレコードを作ることで、少しは日本のジャズ界に足跡を残すことができたのではないかと自負しています。当然、海外のアーティストの録音と同時並行してこのレーベルをやっていましたが、これは自分がモットーとしている「一方にかたよらずバランスを取る」ということでは片付けらないほど力を注いだ仕事になりました。それも、日本のミュージシャンたちの演奏家としての成熟と彼らの新しいレコード創造への強い意志があったから、わたしも伴走できたのではないかと思っています。わたしにとっても特に思い入れの強い、世界に通用

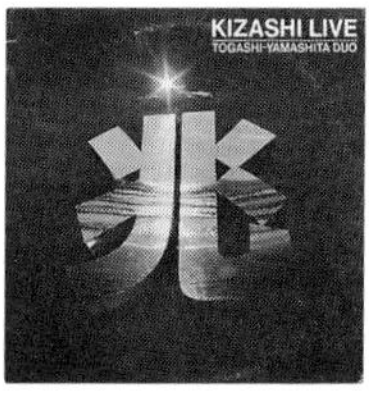

山下洋輔，富樫雅彦『兆ライブ』NEXT WAVE

するこの日本人ジャズマンたちの成果たちを列記して、この項を締めたいと思います。

日本フォノグラム　NEXTWAVE　ラインナップ
N＝ライナーノーツ　P＝パーソネル
一九八〇年
Kizashi（兆）／富樫・山下デュオ　N　児山紀芳　P　富樫雅彦（per）山下洋輔（p）

ザ・セッション　スリーピー・ミーツ・ザ・グレイト・ジャズ・トリオ／松本英彦　N　野口久光　P　松本英彦（ts）ハンク・ジョーンズ（p）エディ・ゴメス（b）アル・フォスター（ds）

スリー・マスターズ（ドナウエッシンゲン音楽祭）／富樫雅彦　N　児山紀芳
P　富樫雅彦（ds）国仲勝男（b）梅津和時（b-cl）原田依幸（p）佐藤允彦（p）小山彰太（ds）山本邦山（尺八）

宮沢昭『My Piccolo』NEXT WAVE

竹の村 Bamboo Village／梅津カッポ和時　N　望月由美　P　梅津和時（sax）デヴィッド・フリーゼン（b）富樫雅彦（per）

ミッチェル・フォアマン・ライヴ／ミッチェル・フォアマン　N　レナード・フェザー（欧文）佐藤秀樹（邦文）P　ミッチェル・フォアマン（p）

邦山、フリーゼン＋1／山本邦山、デヴィッド・フリーゼン　N　岩浪洋三　P　山本邦山（尺八）デヴィッド・フリーゼン（b）佐藤允彦（p）

一九八一年

Danke（ドナウェッシンゲン音楽祭）／梅津・原田デュオ　N　児山紀芳　P　梅津和時（as, b-cl, vo）原田依幸（p, b-cl, vo）

Dancing Islands（ドナウェッシンゲン音楽祭）／国仲勝男　N　児山紀芳　P　国仲勝男（b）梅津和時（reeds）小山彰太（ds）向井滋春（tb）

梅津和時『竹の村』NEXT WAVE

兆ライブ／富樫・山下デュオ　N　油井正一（欧文）青木和富（邦文）P　富樫雅彦（per）山下洋輔（p）

My Piccolo（Live at Nagoya Yamaha Jazz club）／宮沢昭　N　児山紀芳（欧文）内田修、藤井健夫、清水俊彦（邦文）P　宮沢昭（ts）佐藤允彦（p）日野元彦（ds）稲葉国光（b）井野信義（b）

ザ・ブルース／松本英彦・増田一郎　N　油井正一　P　松本英彦（fl）増田一郎（vib）ハンク・ジョーンズ（p）ジョージ・デュヴィヴィエ（b）グラディ・テイト（ds）

松本英彦、増田一郎『ザ・ブルース』NEXT WAVE

未発表音源発掘―ＢＯＸＭＡＮ誕生

レコードのプロデュースと並行して取り組んでいた、もうひとつの仕事についてお話したいと思います。それは何かというと、未発表の音源を発掘するという仕事です。「仕事」と言ってしまいましたが、正確には当時そんな職業はなかった。誰に頼まれるわけでもなく、音源の発掘を続けた結果、それが仕事となったというのが正直なところです。「音源発掘」と聞いても、ピンとこない方もいるかと思います。簡単に説明すると、ミュージシャンたちが曲を作るためにスタジオに入って何時間も録音しても当然ながら録音したすべては世に出ません。基本的には同じ曲を何度か演奏し、その中で一番いいものを音源化します。もちろん、吹き込んだすべてがお蔵入りになることだってあるわけです。

わたしがやったのは、レコード会社の倉庫から名演奏の未発表テイクを見つけて、それを新しくパッケージして世に出すことでした。そういったものの多くが一枚のレコードで収まりません。一曲につき複数の録音が出てくるので、そのすべてを一セットにして箱に収めてリリースするわけなんです。CD、DVDでも巻数のあるシリーズなどをまとめたボックスセットと同じですね。わたしは八〇年代から九〇年代にかけて、ジャズレコードの箱モノを数多く作ってきたんです。そんなわたしを、アメリカの友人たちはBOXMANというニックネームで呼ぶようになりました。BOXMAN＝箱男、まさに文字通りの訳。実はこの名を付けたのは、以前にも名前をあげたプロデューサー、ディスコグラファーとして有名なマイケル・カスクーナなんですね。彼は、安部公房の小説『箱男』の冒頭“This is the record of A box man”を英訳で読んだ瞬間、まさにミスターコヤマのことだと感じたというのです。では、ここからはわたくしことBOXMANが八〇年代を通して夢中になってやった作業を、自分の記憶の中から発掘していきたいと思います。

一九八一年、わたしは二年勤めた日本フォノグラムを離れましたが、社外のレコードプロデューサーとして活動を続けていました。ジャズフェスティバルにも重なる夏の間は例年のようにアメリカ取材をしていて、この年もニューヨークに滞在していたんですね。そこに、友人のボブ・ポーターから連絡があったんですね。「これからポリグラムレコードの倉庫に音源を探しに行くから、君も来ないか」と誘ってくれたのです。レコード会社においてもっとも立ち入り厳禁の場所に誘われて一瞬耳を疑いましたが、そんな場所に入る機会はめったにないわけですから、ぜひ行きたいと伝えました。

ボブ・ポーターは、レコードに関して調査研究をするリサーチャーとして知られていました。ポリグラムの社員ではないのですが、会社に信用があってマスターテープの保管倉庫に入ることが許されていたんですね。また、わたしと同じように、FMラジオでDJをしながら、ディスコグラファーやプロデューサーとして幅広く活動していました。それに、ボブも熱狂的なレコードコレクターだったんですね。だから、同じ趣味を持つ者同士、非常に気のおけない間柄でした。この時も、わたしがディスコグラフィや未発表音源にも興味があることを知っていて、誘ってくれたんです。

ボブに同行する形で初めて足を踏み入れることになったポリグラムの保管庫は巨大な体育館のようでした。テープが八万本、ディスクが一万五千枚という膨大な数のオリジナルマスターが保存されていました。ジャズに限らず、さまざまなジャンルの音源がナンバリングされ、棚全面にところ狭しと並べられているんです。ボブの得意ジャンルは、わたしと少しちがってブルースやオルガンをフィーチャーしたようなソウル系の泥臭いジャズでした。その調査をひと通り終えると、「コヤマ、せっかくだから何か聞きたいテープはある?」と聞いてくれたんです。これはチャンスだと思い、「クリフォード・ブラウンなら何でもいいので、とにかくマスターテープの音を聞いてみたい」と伝えました。それで、スタジオエンジニアがコンピューターで検索し、マスターテープの棚から一巻をスタジオに選んで来てくれました。それを専用の再生機にかけてくれたんですが、流れだした瞬間、その音の良さにぶったまげたわけなんです。曲は「アイ・リメンバー・エイプリル」でしたが、目をつむって聞くと、もうクリフォード・ブラウンが手の届くところで吹いているかのような音なんです。長年聞いていたレコードの音とは、まったく次元がちがうものだったんですね。それもそのはずです。オリジナルマスターで、当時はモノラル録音で現在のようにトラックを重ねていないので、極めて安定した状態でテープに音が入っていたんですね。

その音の凄さに感動を覚えつつテープの箱を眺めていたら、そこに「オルタネイトテイクも入っている」と書いてあったんですね。テイク1、テイク2……という具合に。その記載に動揺して、今度はそっちを聞かせて欲しいとお願いしたんです。それで、別のテイクをかけてもらったら、先ほど耳にしたのとはちがう演奏だった。曲の出だしがまったく別だったんですね。「アイ・リメンバー・エイプリル」という曲が、ただひとつだけ存在すると信じていた知識が、ガラガラと崩れ始めたんです。市販されたレコード以外のバージョンがあるという事実を知って、尋常でない衝撃を受けました。

実はそのことは、まだ誰も気づいていないことでした。コンピュータにはデータの記録があるけれど、未発表の別テイクの存在までは実際にテープを見ないと分からないのです。これは大変なことだとひとり驚喜しましたね。倉庫は、自分のようなマニアックなファンにとっては、まさに宝庫になるわけです。早世したクリフォード・ブラウンに未発表の曲があるという事実は、まさに青天の霹靂でした。さらに凄いのは、この場所で調査を進めれば未発表演奏が続々と見つかる可能性が高いことが分かった——という事実です。その瞬間、自分の手で発掘作業をやることができたら、これほど素晴らしいことはないと思ったんです。焦り始めた気持ちを押さえて帰国し、すぐに日本フォノグラムの伊藤社長の元に向かいました。そこで、クリフォードの未発表演奏の発掘をプロジェクト化して欲しいと頼んだんです。当時、日本フォノグラムはクリフォードの一連のエマーシー盤をリリースしていたので、伊藤さんもすぐに了解してくれたんです。

ポリグラムの保管庫で本格的な発掘作業に入ったのは、翌八二年の二月のことでした。ボブ・ポーターに同行した日から半年ほどでスタートできたのは、ポリグラムとの交渉がスムーズに運んだからでした。わたしのような部外者がレコード会社の心臓部に入ることを許されたのも、日本フォノグラムがポリグラムと同じフォノグラムインターナショナルというグループ企業の一員だったことと、ボブ・ポーターやニューヨークにあるフォノグラム本社の知人が働きかけてくれたお陰でした。本来は、関係者以外は立ち入りができない場所で、資料の調査や門外不出である音源のコピーなどは絶対許されないわけで、異例中の異例でした。

かくして、電車とタクシーで二時間弱、マンハッタンとニュージャージーを往復しながら、マスターテープを一本ずつ丁寧に確認し、試聴する毎日が始まったんです。膨大な記録と格闘しながら、わたしはこの作業が画期的なものになると感じていました。もちろん、未発表の音源が次々に見つかったことが一番でしたが、それに加えて、新しい技術的な試みをしていたからです。何かというと、マスターの音を可能な限り忠実に復元するため、まだ日本にしかなかった最新のデジタル録音機材を持ち込んでマスターテープを複製していたんですね。これは伊藤さんと構想したことで、クリフォード・ブラウンの未発表演奏が晴れて発売されることになれば、アナログテープからデジタルに転写した世界初のデジタル音源ということもセールスポイントになるという意図があったんです。

翌八三年、クリフォード・ブラウンの最初の発掘プロジェクトは、LP盤十三枚からなる『We Remember Clifford Brown 11＋2』という企画に結実しました。すべて米国のマスター保管庫で世界で初めてデジタル化した音源を元に日本国内でプレスしたアルバムで、十一枚はもともと米国で制作されたオリジナル盤の再発売。加えて二枚は、わたしがマスター保管庫で発掘した未発表の別テイク集「モア・スタディ・イン・ブラウン」と「クリフォード・ブラウン・オールスターズ：ジャムズ2」という構成。このシリーズは、同年度のスイングジャーナル・ジャズディスク大賞の編集企画賞に輝きました。翌年には、マーキュリーレコードの膨大なジャズ録音から未発表演奏ばかりを集大成した『マーキュリーVSOPアルバム』（LP四枚組ボックス）をリリースして、再びジャズディスク大賞編集企画賞を受賞。この時喜びもひとしおだったのは、アメリカ本国で販売したタイミングで、ニューヨークタイムズがわたしの談話も交えながら大々的に

『モア・スタディ・イン・ブラウン』EmArcy

発掘作業を紹介してくれたことでした。そんな評価に背中を押されるように、八五年に『ザ・コンプリート・サラ・ヴォーン・オン・マーキュリー』、八六年には『ザ・コンプリート・ベン・ウェブスター・オン・エマーシー』と、立て続けに発表しました。クリフォード・ブラウンありきで始めた復刻プロジェクトも、ポリグラムに眠っていたエマーシーやマーキュリー関連の音源を掘るという作業に広がっていったわけです。

そして、足掛け三年を費やした発掘の最後には、ひとつのレーベルのジャズレコーディングをすべて復刻することになったんです。それが、八六年に発表した『ザ・コンプリート・キーノート・コレクション』でした。キーノートは一九三八年のコモドア、三九年のブルーノートに続き、四〇年に創立された独立系の老舗ジャズレーベルでした。当初はジャズ専門ではなかったのですが、四三年頃インドネシア人のジャズ愛好家ハリー・リムがプロデューサーになってからジャズに舵を切って、レスター・ヤングを初めて単独リーダーに登用し、コールマン・ホーキンスやロイ・エルドリッジといった大物の吹き込みを完成させ広く知られるようになりました。ハリーは才気溢れる人物で、その後も黒人と白人との混成

『クリフォード・ブラウン・オールスターズ：ジャムズ２』
EmArcy

録音や、それまでサイドマンだったミュージシャンをリーダーに抜擢するという注目を集めるプロデュースを行ったのですが、四八年にマーキュリーに買収されその幕を閉じました。四〇年代に登場してジャズ史に濃厚な足跡を残したキーノートのレコーディングの全貌は、最終的にはLP盤二十一枚組という大掛かりな仕事になりました。未発表の別テイクも含めた全三三四曲と曲目未定の一曲を収めたボックスセット、それを発表するまでの過程をお話したいと思います。

実はキーノートについては、スイングジャーナル時代に同僚の粟村政昭氏と一緒に、『キーノート・ジャズ・シリーズ』(日本フォノグラム)という全十二枚のレコードをプロデュースしています。発売された七三年当時、キーノートの四〇年代半ばの貴重な演奏に光を当てた世界初の試みとして話題になりましたが、自分としてはその内容に忸怩たる思いだったんです。なぜなら、音源をオリジナルマスターから複製して復刻したかったのですが、本社に問い合わせてもディスクの有無さえわからなかった。やむなく日本のコレクターが秘蔵していたSP盤を借りてコピーして発売したんですね。そんな経緯もあって、この時、キーノートのジャズシリーズを完璧な形で復刻させたいと考えたわけなんです。

全二十一枚という完全復刻、その何に骨が折れたかというと、マスターディス

『ザ・コンプリート・サラ・ヴォーン・オン・マーキュリー』
Mercury

クの洗浄から作業を始めなければならないということでした。五〇年代のクリフォード・ブラウンの復刻とちがい、四〇年代は録音テープが存在せずディスクに記録していたんですね。レコード量産前のマスターは、アセテート盤やラッカー盤と呼ばれる直径十六インチの円盤で、これが四十年間の埃をかぶっていました。一九四八年にレーベルを閉じたキーノートの音源はすべてアセテート盤だったわけで、実にそれが二四〇枚に達していた。よって、一枚一枚洗浄する作業が最初に必要だったわけです。専門の職人のところまで持参し、時間をかけて洗浄した後、テープに転写する一連の作業をしてもらいました。わたしはわたしで、ディスクを保存していた袋に記入されたデータやクレジット、テイク数、またディスクのレーベルに記入された録音年月日、マスター・ナンバーなどをノートに書き移していきました。そうやって、音源のどれが過去に発表されたテイクで、未発表はどのテイクなのか整理しながら全貌を把握していったんです。その後は、どういう順番で何枚のアルバムに収め、どんな解説書にするかを検討しました。もちろん、まだ存命だったハリー・リムにも会い、可能な限りの情報を盛り込もうと、当時の話を聞き、レコーディングの写真を借りたりしたわけです。

なぜそれほどの労力と時間を割くことができたのかというと、歴史的に価値のあるものを誰かがやらないといけないと思っていたからなんですね。未来に引き継ぐという意味においては、その全貌に光を当て、消滅させないよう末永く保存できる状態にする必要があった。ここでわたしがやったのは、もはや商品を売るという通常の仕事からは逸脱していたかもしれません。売るということよりも、いかに録音をコンプリートな状態に戻して、日の目を見させられるかということに賭けていたわけなんです。

もうひとつ、なぜ発掘作業に情熱を注げたのかというと、やはり若い頃からの癖であるレコードマニアの一面が多大に影響していると思います。クリフォード・ブラウンの発掘で倉庫に入っているけど、元々ディスコグラフィに興味があるので、自然と倉庫のさまざまな場所に目がいってしまうんですね。ある時、奥の壁際の大きな棚の扉が開いている。そこに収納されていた紙袋の一つを抜き出してみると、円盤の中心部に「Keynote」の文字が彫り込まれているのを発見した。それで胸騒ぎを抑えながら、次々に抜き出してみると、そこが伝説のキーノート・レーベルのオリジナル・セッション・ディスクの保存場所だった……！

実際、キーノートの復刻プロジェクトはそんな出会いから始まったんです。キーノートのジャズレコーディングの第一号、レスター・ヤングの『ジャスト・ユー・ジャスト・ミー』を手にした時は、思わず感動で体が震えました。ボブ・ポーターらとクリフォード・ブラウンの未発表音源を耳にした、あの時に匹敵する瞬間でした。ジャズマニアの自分には、どれほど歴史的に貴重なものかわかるわけです。

見つかったレスターのディスクのマトリックスナンバー（型番）は、HL－1と記録されていました。HLは、プロデューサーのハリー・リムのイニシャルなんですね。レスターの吹き込みでは、三曲の貴重な未発表の別テイクが見つかりました。ハリー・リムというプロデューサーは几帳面で、マスター・ナンバーやテイク・ナンバーなど、盤面に記入していたため、既に発売されたテイクとそうでないテイクの判別は比較的容易でした。

しかし、驚くことにマトリックスナンバーが付いていないテイクが一曲ですが見つかったのです。通常、ナンバーを元にしてすべての作業を行うわけですから、ないのはあり得ないわけです。その一曲は、レニー・トリスターノの録音でした。便宜上「Untitled Blues」という曲名を付けました。レコーディングを想像すると、これはトリスターノがピアノを弾いているのをたまたま録音していたということだと思うんですね。とにかくマトリックスナンバーが付いていないというこ

『ザ・コンプリート・キーノート・コレクション』Mercury

とは、プロデューサーが認めた正式なテイクではないということです。ディスクを掘り起こしていく作業は、そういうイレギュラーなケースも出てくるということなんです。演奏したミュージシャン本人でさえ知らなかった曲が存在する……これこそ、まさに音源発掘の面白さなのかもしれません。ちなみにこの曲は、ボックスセット購入の特典としてシングル盤で封入しました。

ひたすらキーノートのジャズ録音のコンプリートを目指したのですが、意外にも一番苦労したのはライナーノーツかもしれません。ダン・モーガンスターンという評論家に頼んだのですが、この原稿がなかなかあがらないのです。長年の友人でもあり、いつも素晴らしい仕事をしてくれていましたので遅くなるのは覚悟の上でしたが、この時ばかりは焦りました。もちろん、二十一枚組の大作で途方もない分量だったこともあると思います。いくらジャズに精通していても、やはり聞いて書くわけですから大変な仕事を頼んだことに後ろめたさを覚えましたが、出来上がった原稿を読んでその思いも吹き飛びました。いつもと同じように超一級のライナーノーツが、リリースに花を添えてくれることになったんです。

そしてこの三三四曲を網羅した『ザ・コンプリート・キーノート・コレクション』の気になる評価ですが、ニューヨークタイムズに「日本のレコード界が発掘

『ザ・コンプリート・キーノート・コレクション』特典SPレニー・トリスターノ「Untitled Blues」

した、最近のジャズリイシュー分野における最重要かつ最大の成果」と紹介され、ビレッジボイスでも“the box of the year”という声が上がりました。一連の作業で受賞していたスイングジャーナルのジャズディスク大賞の編集企画賞をまた受賞し、そして、本場グラミー賞のベスト・ヒストリカル・アルバム部門にノミネートされるという栄誉を受けたんです。特にグラミー賞は、何よりもアメリカで評価されたことに驚きつつも、「最優秀歴史的アルバム」という分野で意義あるものとして称えてくれたことが喜びでした。一報を受け取った瞬間、長年ポリグラムの保管庫でひとり作業に明け暮れた苦労が報われる思いがしました。

この時、グラミー賞の同じ部門には、発掘のきっかけをつくってくれたボブ・ポーターがアトランティックレコードの音源を発掘した『Atlantic Rhythm And Blues1947-1974, vol. 1-7』もノミネートされていたんです。他にもいくつかのコンピレーションがノミネートされていたんですが、ＢＯＸＭＡＮという名前も周囲に浸透してきたし、ニューヨークタイムズなどの記事から考えても自分が受賞してもおかしくないのでは、と思っていたんです。でも発表当日、ふたを開けたら、八六年度のこの賞を受賞したのはボブの作品だったんですね。本当に残念に思っていたら、ボブから電話がありました。わたしがお祝いの挨拶をすると、彼が言い辛そうにして「本来なら君の手掛けたものが受賞すべき内容だったんだけど、俺の作品が受賞してしまって申し訳なかった」とつぶやいたんです。この時、やはり外国人であることの壁があると気づいたんです。ノミネートされること自体も狭き門だけれども、受賞するにはさらに超えないといけない壁がある。おそらく、それは賞に投票するアメリカ人の意識の中にあって、相当なことが起こらない限り変化しないことだと思ったんです。一言でいうと、キヨシコヤマという名前を聞いても誰だか分からないけれど、ボブ・ポーターなら知っているという、その差なのだろうと。同じカテゴリーの中に、馴染みのある名前と知らない日本人の名前が並んだら、当然知っている名前に投票するということなんです。

また、この『ザ・コンプリート・キーノート・コレクション』をリリースしたアメリカの本社も、もしも自分たちの手で同じレベルのものを作っていたら、ノミネートはもちろん、受賞までもっていく努力をしていたと思うんですね。クリフォード・ブラウンの発掘をスタートさせた時は、ニューヨークの本社に尽力してくれた知人がいて問題なく進みましたが、最終的なプロダクツが出来上がった段階ではあまり協力的ではなかった。素晴らしいものを作ってくれたから一緒に売ってやるぞという声は、会社からまったく聞こえなかったんですね。

最初に復刻した『クリフォード・ブラウン・パーフェクト・コレクション・オン・エマーシー』をCD時代に入って深化させ、その完全版といえる『クリフォード・ブラウン・パーフェクトコレクション』を九〇年に完成させたんです。この作品もグラミー賞の同じベスト・ヒストリカル・アルバム部門にノミネートされたのですが、やはり受賞には至りませんでした。この点で、秋吉敏子さんが過去十数回グラミー賞にノミネートされながら、一度も受賞できなかった、「ガラスの天井」の存在が実感できた瞬間でした。

さて、この項の最後に、話題を変えてジャズレーベルのオーナーの自宅まで足を運んだことでレコード化のチャンスを得た発掘作業をお話ししたいと思います。八六年に『ザ・コンプリート・キーノート・コレクション』を発表したその翌年から、マイケル・カスクーナとチャーリー・ロウリーが、コモドアレーベルの録音の完全復刻に乗り出していました。コモドアはキーノートに先立つこと二年、一九三八年に創立された最古の独立系ジャズ専門レーベルでした。オーナーはレコード店からレーベルを興したミルト・ゲイブラーで、彼こそビリー・ホリデイのあの名盤『奇妙な果実』をプロデュースした人物でした。カスクーナたちは、

『クリフォード・ブラウン・パーフェクトコレクション』
EmArcy

存命だったミルトから音源を提供される形で、八九年からその成果を続々とリリースしていたんですね。その完結編となるボックスセットが、九一年の初頭にも完成するというニュースが日本にも届いたんです。何とそれが『奇妙な果実』の一連の吹き込みから、新しく七トラックもの未発表テイクが発見されるという驚きの内容だったんです。

わたしは九〇年の二月から再びスイングジャーナルに戻り、編集長に着任したばかりでした。この発掘のニュースを聞いて、ミルトに発見までの真相をどうしても取材したいと思ったんですね。発表できる媒体はスイングジャーナルがあるわけです。それで、ミルトに電話して、ジャズイベントで夏に渡米するのでそのタイミングで取材させて欲しいと申し入れたんですね。そうしたら、彼は自宅ならば、と返事をしてくれた。これは、自分には願ってもないことでした。わたしが一番知りたかったのは、彼がコモドアで録音した原盤マスターをどのように保存しているかということだったんです。自宅であれば、きっと貴重な資料があるはず。音源発掘のニュースを受けての取材でしたが、ニュースバリューより何より、この目でジャズの宝を見たいという思いが強かったんです。この時ばかりは、編集長というよりもＢＯＸＭＡＮとしての顔が出ていました。

渡米したのはその年の六月。ミルトの自宅は、ニューヨークの中心地から一時間ほどのニューロッシェルというローカルなエリアにありました。彼は八十歳でしたが車で迎えに来てくれるほど健在で、やはりジャズの歴史上、重要な役割を果たした人間の風格を感じました。自宅に着いてすぐ地下室に案内され、首をかしげたのですが、実はそこがコモドアのスタジオ兼マスターの倉庫にもなっていたんです。これには驚きました。保管庫といえども、民家なので棚に整然と収められているのではなく、あちらこちらに箱やテープ類を積んでいる状態なんですね。その中を歩きながら、「これが十六インチのオリジナルのアセテートマスター」、「これがアナログテープに移したコモドアマスター」と、ケースの中を順番に説明してくれるわけです。彼は、音源と一緒に暮らしているようなものですから、雑然と置かれていてもどこに何があるか分かるんですね。

それで、とにかくオリジナルマスターであるアセテート盤でビリー・ホリデイを一曲聞かせてもらいました。「アイ・カバー・ザ・ウォーターフロント」をかけてくれたんですが、その鮮明な音に本当に驚かされたんです。それで、どんな風にディスクを管理してきたのかと聞くと、彼は一度も人の手に触れさせてこなかったと言うんです。これには、さらに驚愕しました。自分が手掛けた音源を四〇年代から直接管理していたんですね。それに加えて、ここにはコモドアの全録音の九〇％を保管していると言うんです。コモドアのオリジナル原盤というだけで歴史的なジャズの遺産なのですが、ミルトはそれを自分の責任の元に守っていたんですね。彼の情熱に感心するとともに、音楽を愛するひとりの人間としても感謝したい思いでした。

となると、マイケル・カスクーナたちがやった作業が気になるわけです。それで、ミルトに「マイケル・カスクーナは自分たちの手で調査したのですか」と聞くと、「いや、彼らはわたしが調査して整理したテープに基づいて完全版を作っている」と言ったんです。ここで、ピンと来たんですね。これはまだ発掘できる可能性が残されている、と。それで、『奇妙な果実』のオリジナルのアセテート盤を見せて欲しいと伝えると、彼がすぐに探して見せてくれたんです。そのディスクの溝を見ていると、直感的にまだ聞かれていないテイクがあるのではないかと思ったんですね。胸がざわつくのを押さえながら、とにかくミルトに再会の約束をして別れました。

帰国してすぐに向かったのは、コモドアの日本での売買権を持っているキングレコードでした。それで担当者に、コモドアの全貌を調査させて欲しいと提案したんですね。オリジナルディスクから新しく音源を録り直すだけでも成果があるし、ビリー・ホリデイについても徹底して調査したい、と。そうしたら、キングレコードも話に乗ってくれオーケーが出たんです。それから、ミルトとは何度もやりとりを重ねました。そのうちこちらの並々ならぬ熱意を感じてくれ、全面的に協力してくれることになったんです。そうなったら早いわけで、十月半ばにはキングレコードのディレクターと渡米し、一週間スタジオを押さえました。そこに、ビリー・ホリデイとレスター・ヤングのオリジナルディスクやマスターテープを運び込んで、調査開始となったんです。

まず、いつものようにディスクを入念に観察して、盤面やレーベルに残された情報をノートに書き移すところから始めました。そして、ディスクを一枚ずつ聞いて、音源とミルトが記していた帳面のデータを照らし合わせていったんですね。そうすることで、ビリー・ホリデイが吹き込んだ状況が想像できるわけです。入念に見ていると、ミルトがOKやNGを出したタイミングまでわかってきて、レコーディング全体が推察できるようになるんです。それを繰り返していたら、案の定、まだ一度も日の目を見ていないトラックが見つかったんですね。それが、未発表なのが不思議なくらい素晴らしい演奏だった。ミルトに未発表の経緯を確認したら、「これは別テイクで使わないと決めたから、そこに残ったままになっている」と言うんです。では、完全なNGでないのなら、編集が加えられる前のビリー・ホリデイが歌った、その生のままを公開したらどうかと提案をしたんです。ミルトは、おいおい何を言い出すんだという顔で驚いていましたね。でも、わたしも負けずにプッシュしていたら、五十年前のレコードにこれほど執着するやつも珍しいなというような半ば呆れた表情になって、「君の好きなようにやってくれていい」と言ってくれたんですね。

この時、再録した音源は、翌九一年に『奇妙な果実～完全版／ビリー・ホリデイ』として発表することができました。最終的には、マイケル・カスクーナのボックスセットにも収録されなかった世界未発表の別テイクを五曲も収めることができたんです。決してマイケル・カスクーナたちがテイクを見落としていたのではなかったのですが、手間をかけてミルト・ゲイブラーの自宅まで行って、その門外不出のオリジナルディスクに触れさせてもらえたことが第一歩になり、最終的な成果に結びついたわけです。この時はミルトの自宅でしたが、ポリグラムの保存庫であっても、いかに現場で勘を働かせられるか、ということが鍵だったように思います。

よく、ＢＯＸＭＡＮになれる能力、音源の発掘に必要なことは何ですかと問われることがあります。自分のことを分析するようで難しいのですが、わたしは、ジャズの分野であれば、何よりもジャズのレコードに可能な限り精通していることだと思っています。それは、膨大なジャズの知識といっていい。発掘第一号となったクリフォード・ブラウンでいえば、あの倉庫でまずはマスターテープを聞かせてくださいという言葉が出るか出ないかなんです。何万本も保管されている音源の中で、この場所には何があるのかということを知識から見通して、最終的には自分の勘でクリフォード・ブラウンをピンポイントで指名できるかどうか。それで、テープの箱を見ることができたのなら、そこにマスターテイクと別テイクがどのように入っているか、判別できることが決め手になるんですね。

ヒストリカル・バリューとは何か

八〇年代、わたしの活動はレコードのプロデュースと音源の発掘をメインにやっていたわけです。ジャズを評論したり紹介したりするような立場から、作り手へと立場を変えたとも言えます。さらに言うと、九〇年代には再び雑誌の仕事に戻りました。でもどの立場になろうが、自分は何も変わらなかったというのが正直な印象なんですね。原稿を書き、レコードを作る。それらに仕事の質のちがいを感じたことがないんですね。共通しているのは、自分を驚かしてくれる音楽に出会いたい、という気持ちでジャズに関わることをしてきたということなんです。

でも、個々の仕事からは印象深い風景が見えてくることも確かです。パコ・デ・ルシアらスーパーギターの録音を終えた時は、やはり雑誌とはちがった、強い達成感がありました。インタビューを原稿にして出版される喜びとは次元のちがうものでした。成果物がレコードということであれば、針を落とすたびに音がダイレクトに伝わってくる。その音を聞いただけで、レコーディングの様子をまざまざと思い出すんですね。一方、雑誌であれば、この時はこんなことまで取材していたのか、と再発見することができる。でも、わたしの中ではそれは目と耳というちがいだけで、やはり優劣のつけられないものという印象なんですね。

しかし、経済活動を軸にして考えると、ジャーナリズムの立場と、レコードをプロデュースする立場は、かなりの差があるわけです。たとえば、NEXT WAVEの山下洋輔と富樫雅彦の『兆』は思ったほど売れませんでしたが、評価は高かった。雑誌でレコードを紹介する立場とはちがう、レコードを作った当事者しか経験できない理想と現実の壁を感じたんですね。

やはり自分は売り上げを第一義と考えずに作ってきたことが多かったのだなと思います。フィニアス・ニューボーンのように入院中のミュージシャンに会いに行って、いつになるか分からないレコーディングの約束を取りつけてくるようなことはふつう考えもしないことです。もし、自分で独立レーベルを興してやるのなら、こんな悠長なことは到底できない。売り上げを最重視するようなレコード会社ならなおさらです。わたしのプロデュース作品すべてがそうだったわけではないですが、創造的な企画が許されたということは、やはり恵まれた環境にいたと思うんです。

しかし、売り上げ面において、作り手のわたしと聴衆との思いが合致した企画がありました。それが、未発表音源の発掘盤なんですね。実はクリフォード・ブラウンの発掘前の七九年に、ニューポート・ジャズ・フェスティバルのプロデューサーのジョージ・ウェインが個人的に所有していた音源を、日本フォノグラムからリリースしたことがあったんです。ライオネル・ハンプトンがオールスターバンドを率いたニューポート公演など、ジョージ・ウェインから音源契約を取りつけて世界に先駆けて販売し、この分野に需要があるのを感じていました。いわゆる「隠れた名盤」を求める人が潜在的にいたんですね。また、『スイングジャーナル選定ゴールドディスク』で、過去の音源を復刻したら爆発的に売れたという現象も起きていたわけです。それでなくても、日本には一枚数十万の高値でも購入するようなマニアもいる世界一の中古市場があって、世界中からディスクが集まってきていました。

でも、わたしはマニア層を意識して、売らんがための発掘をしていたわけではなかったんです。何よりも重視したのは、マーケットではなく、歴史的価値＝ヒストリカル・バリューだったんですね。それは、復刻してきたレーベルや演奏者、解説の内容などを見てもらえれば分かることだと思うんです。

わたしの一連の音源発掘は九一年のビリー・ホリデイ作品で終えましたが、最近になりBOXMANジュニアと呼べる存在が出てきたという嬉しい状況があるんです。ゼヴ・フェルドマンという音楽プロデューサーはわたしの発掘作業にインスパイアされてこの道に入ったと公言してくれているんですね。アメリカ人の彼がなぜマイケル・カスクーナなどを差し置いて、わたしを師と仰いでくれているかというと、実は元々彼はマーキュリー、フォノグラム関連のレコード会社のセールスマンだったからで、奇遇にも、わたしが手掛けた作品をセールスして回っていた、ということなんですね。その彼がやっているのは、歴史的価値があって、なおかつ埋もれている音源に日の目を当てるという文化的遺産の発掘です。さらにわたしと次元がちがうのはその方法論で、未発表の音源を求めて世界中に広くアナウンスして、未発表音源があるという連絡があれば世界中に出向いていく。世界中を飛びまわって、目を見張るほどの成果を上げているんです。わたしの時代のようにレコード会社の保管庫に入らないのは、もうそこは掘りつくされたということなんです。ならば、ゼヴがどんなところから音源を集めているのかというと、放送局、コンサートのプロモーター、またラジオ番組のプロダクションが所有する番組アーカイヴスなど多岐に渡っているんです。放送局は、レコード制作を目的にしないでスタジオで録音して、放送後に局のアーカイヴスにそのまま保存されていたテープです。プロが録音しているので音質状態がよく、非常に貴重なものになっているんですね。でも、残念ながらNHKは音源保存をまったくしていないので、この手の歴史的な遺産が発掘されるケースは少ないんです。

一方、ジャズクラブでのライブ音源は、クラブのオーナーが、出演するアーティストの演奏を録っていたもので、単純な記録資料という場合が多いんですね。ミュージシャンに許可を取っているものもあったり、そうでないものもあったりとさまざまです。また、世界中を演奏して回るミュージシャンたちの公演記録なども あります。ミュージシャン自身が、記録として会場のPAを通して音を飛ばして、それをテープに録音したもの。キース・ジャレットが最近出しているCDなどは、この音源がほとんどです。

それらは多くの場合、七〇~八〇年代に録音されて数十年間手つかずの状態で眠っていたものばかりです。放送局の判断で音源を一旦処分したけれど、当時のプロデューサーが自分の宝物として密かに持っているようなものだってある。それが演奏の少ないウェス・モンゴメリーのようなミュージシャンの録音であれば、後世になりヒストリカル・バリューが積み重なってくるということになるんです。

今、そういう音源のほとんどはヨーロッパから出てきていて、もうアメリカでは出尽くしたと思われていたのですが、最近になって大学で大発見があったんです。それが、ルイ・アームストロングが個人で所有していた音源でした。なぜ、そんな貴重なものが大学で見つかるかというと、アーティストや評論家のような人物が亡くなったら、膨大なコレクションであれば多くは大学の資料室のような機関に寄贈します。そこで、アーカイヴスの担当者が何年もかけて調査しているうちに、未発表のものを発見するということになるわけです。ルイ・アームストロングの音源は現在CD化されて話題になっています。

わたしが保管しているカセットテープには、マイルス・デイヴィスのインタビューの肉声が残っていたりするんです。時が経てば、それも価値が出るのかも分かりません。わたしが音源発掘に明け暮れた八〇年代は、世界的にもまだ発掘やアーカイヴに人々の目が集まっていませんでした。あれから四十年近く経って、そこにお金と時間を費やすことが当然の時代になりました。そんな時の流れを感慨深く思います。

ジャズの伝統が生まれるとき
――歴史を振り返り始めたジャズメン

ジャズ史において一九八〇年代という時代は、捉えづらい、どう評価したらいいのか分からないといわれることが多いのかもしれません。七〇年代は演奏楽器の分野において電子楽器が登場したこともあり、ロックとジャズの融合など若い世代を惹きつけようとする試みが成果をあげた時代でした。八〇年代はそんな勢いのあった時代に比べたら、確かに目立ったトピックがなく地味な印象を受けます。しかし、そんな中でも意義深い成果もあったと思います。本章の締めにあたって、八〇年代をわたしなりに総括してみたいと思います。

まずは、日本国内でいうと、ジャズフェスティバルの隆盛が挙げられると思います。当時は、フェスティバルが野外で数多く開かれたんですね。最初にジャズ界が興奮したのは、七七年からスタートしたライブ・アンダー・ザ・スカイでした。超豪華なミュージシャンを招聘し、田園調布の田園コロシアムで開催。その後、会場を移しながら九二年まで続きました。また八〇年から八三年まで開催されたのが、オーレックス・ジャズ・フェスティバル。これは、日本武道館で行われるという大掛かりなものでした。そして、八二年から信州の斑尾高原で始まったのがニューポート・ジャズ・フェスティバル・イン・斑尾。これは、わたしも日本の主催者に頼まれアドバイザー的な役割で関わりました。もちろんニューポート・ジャズですから、アメリカ側のボスはジョージ・ウェインで、ミュージシャンを大量に送り込む彼の部下たちをアドバイスする役目などを担ったんですね。

同時に、会場のMC役も頼まれるようになりました。八二年をきっかけにして長年やりましたが、ピークは八六年。この年は七月に、モントルー・ジャズ・フェスティバル・イン・札幌。ライブ・アンダー・ザ・スカイ。ニューポート・ジャズ・フェスティバル・イン・斑尾。八月は山中湖畔で行われた、マウント・フジ・ジャズ・フェスティバル。九月は、富士通・コンコード・ジャズフェスティバル・イン・ジャパン……。ひと夏でいかに多くのイベントが開催されていたのかよく分かると思うんですね。それも、マイルスのような大物が出る大型公演ばかりです。とにかくライブ・アンダー・ザ・スカイ以降、野外のジャズフェスティバルが日本各地に広がっていきました。真夏は避暑地に行って、夕方から夜にかけて野外でジャズを楽しむということがひとつの風物詩になったんですね。日本人が初めて体験したジャズの楽しみ方だったといってもよかった。しかし、それは「ジャズを聞く」というよりも、「ジャズを介してその場の雰囲気を楽しむ」という、ある種レジャー感覚に近いものだったのかもしれません。

とはいえ、わたしが担当するラジオ番組に、今でも八〇年代に野外イベントで初めてジャズを聞いたというエピソードとともに、当時の曲をリクエストしてくれるリスナーがいます。あの時代に二十〜三十代であれば、現在は還暦近くのご年齢でしょうか。そんな息の長いファンを作ったということを考えると、やはり一連のフェスティバルが日本人にジャズを広めた功績は大きかったでしょう。

海外の状況にも目を向けてみたいと思います。スイングジャーナルの取材で渡米していた七〇年代も、レコード会社の倉庫に籠って音源の発掘をしていた八〇年代も、わたしの活動のベースはニューヨークでした。ジャズイベントでは、ニューポート・ジャズ・フェスティバルがロードアイランドでトラブルがあり、七〇年代はニューヨークに移動していました。カーネギーホールやリンカーンセンターの旧エイヴリー・フィッシャー・ホールといったインドアのホールで聞いたのを覚えています。音楽の潮流としては、ウェザー・リポートやリターン・トゥ・フォーエヴァー、ハービー・ハンコックのヘッド・ハンターズ、そこにマイルスも加わった電気楽器を主体にしたジャズが人気でした。若者に支持されたフュージョン系バンドの人気がピークを過ぎる頃、時代は八〇年代へと入っていきました。その時代の間隙を縫うように登場したのが、ウィントン・マルサリスでした。この若干十八歳でデビューしたトランペッターは神童と呼ぶにふさわしくジャズを大転換させたんですね。彼の登場によって、八〇年代のメインストリームがエレクトリックからアコースティックジャズへと変わった。油井正一さんが、よく「ジャズは十年で変わる」という十年周期説を唱えていたのですが、まさにウィントンがそのことを体現したといえます。七〇年代をフュージョン全盛期とするなら、八〇年代はアコースティックな主流派の時代。新しい保守の誕生という意味では、新主流派の時代と呼んでも間違いとは言えない時代に突入していったんです。

そのウィントンが成した偉大な功績は、八七年にリンカーンセンターのジャズ部門芸術監督に任命されたことに始まります。リンカーンセンターは、ご存知のようにオペラやニューヨークフィル、シティバレエに至る舞台芸術の殿堂でクラシック分野の総本山といえます。そこに、ジャズのウィントンが入った。これは、ジャズ界を背負って立つ人物が登場したことにより、クラシック一辺倒の人たちに、リンカーンセンターにもジャズ部門を作らないといけないという認識を抱かせたからなんですね。それで彼がリーダーに抜擢され、ニューヨークフィルのジャズ版ともいえるジャズ・アット・リンカーンセンター・オーケストラができたわけです。

彼とオーケストラの活躍に、その評価は膨らんでいきました。そして、二〇〇四年には、ついにジャズ・アット・リンカーンセンターというジャズの殿堂が誕生、コロンバスサークルという一等地に、千五百億円を投じたジャズ専用施設が建てられた。その流れが他の都市にも波及し、サンフランシスコにSFジャズセンター、シカゴにもジャズ専門のホールができたんです。今後は、ワシントンD.C.やロサンゼルスなど各主要都市に建設される動きがあります。

こういった状況は、ジャズのヒストリカルな文化遺産としての価値が認められ、将来に向けてこの音楽を継承し発展させなければならないというアメリカの意志の表れだと思うんですね。その評価の先鞭をつけたのがウィントンであり、彼のミュージシャン、指揮者、またジャズ界の代表としての存在が大きく貢献をしているわけです。音楽には興味があるけれどジャズを知らないという人たちに、ジャズは尊敬されるべきアメリカの音楽なのだということをはっきりと認識させることができたんですね。これは、それまでのジャズミュージシャンでは誰も成し得なかったことでした。

では、なぜウィントンが自国に向けて文化としてのジャズを広く認知させ、その歴史を継承する存在になれたのかというと、それは父親の影響でしょう。父親のエリス・マルサリスはジャズの教育家で、その英才教育とウィントンの向上心が、知識層の関心や興味に応えられる人格を作ったわけです。でも、若くしてトップになれば彼を認めたくない者も出てくるわけで、ジャズ・アット・リンカーンセンター・オーケストラに入れなかったミュージシャンたちからの妬みも多かったんですね。オーケストラの正式なメンバーであれば安定した生活が保障されますが、それはせいぜい二十人ほどで、自然と敵の方が多くなるわけです。また、彼が九七年にジャズ界で最初のピューリッツァー賞に輝いたこともあって、なおさら妬みの対象にもなりました。しかし、彼の活動が大きく認められたことが、若手のミュージシャンや作曲家に送られる助成金への道を開くことにも影響を与えたんですね。マッカーサーアワードなど、さまざまな支援団体から数十万ドルを助成してもらい活動をしているミュージシャンも数多く存在します。将来、ジャズの歴史家たちが八〇年代を振り返った時、やはりウィントンが時代の幕開けとともに登場した意義は過大評価してもしきれない重要性を持っていると思います。

ウィントンとのちょっとしたエピソードを、最後にお話したいと思います。デビューまもない八一年、彼はライブ・アンダー・ザ・スカイでハービー・ハンコックやトニー・ウィリアムスらと来日していました。目を見張らんばかりの演奏に、ニューヨークでの再会を約束しました。間を空けずニューヨークで彼と落ち合って、コーヒーショップで注文を待っていた。店は、他の客もおらず忙しくない様子でしたが、わたしたちにまったく声がかからないんです。そうしたらウィントンが「いつもこうだ」と。店員に怒りをぶちまけるでもなく、そう言ったんですね。ホワイトハウスでジャズフェスティバルなどが行われる時代になっても、まだ人種差別が普通にあるのだと認識を新たにしました。わたしはそこで生活していませんが、ずっと住んでいる自国でそれが日常的に起これば大変なことだろうなと思った記憶があるんです。でも、そこで見た風景に、その後のウィントンの活躍とジャズ界の発展を重ねて見てみると、ジャズという音楽を作りだすミュージシャンの強靭さ、人間の底力のようなものを感じます。次章からは、わたしが親交を結んだいずれも強烈な個性を持つ、そんなミュージシャンたちひとりひとりにスポットを当ててみたいと思います。

III

ジャズジャイアンツの肖像

マル・ウォルドロン

さてここからは、わたしと親しく交流したジャズジャイアンツとのエピソードを取り上げていきたいと思います。時の流れは早いもので、わたしが八十歳を超えているということは、同時代を生きた彼らもこの年代になっているわけです。すでに鬼籍に入った人もいれば、年上なのにいまだ現役の人もいる。寿命ということだけを考えれば、個人差はどうしようもなく存在します。ならば、人生というものはその長さが重要ではなく、いかに濃密な時を過ごしたかにかかっていると思うんですね。その意味では、ジャズミュージシャンたちこそ、生きている瞬間に並々ならぬ力を注いで、限られた人生を生き尽くしているように思えます。わたしはこれまで、彼らの生命力を演奏という形で見せてもらった気がしているんです。そんな劇的な人生を究極に体現しているのが、ジャズジャイアンツと呼ばれる人たちだろうと思います。

さてその巨人たち、トップバッターはマル・ウォルドロンに登場願いたいと思います。調べると、彼との最初の出会いは一九七〇年という、今から半世紀近く前に遡るんですね。おぼろげな記憶の中から、その姿を掘り起こしてお話してみたいと思います。

ご存知のようにマル・ウォルドロンは、『レフト・アローン』の大ヒットで知られるピアニストです。ビリー・ホリデイの晩年の伴奏者を務め、彼女の死に捧げたこのアルバムは六〇年代のジャズ喫茶でヘビーローテーションされました。そんなこともあって、マルは特に日本で人気があったんですね。一九六八年には、日本でも『オール・アローン』がリリースされ、スイングジャーナルの第二回ジャズディスク大賞の銀賞を受賞。その人気は、さらに高まっていました。そんなこともあって、わたしも彼に直接取材したいと思っていましたが、マル本人は、アメリカからヨーロッパに渡った後、消息が掴めなかったんです。

そんな中、パリで活動していた向田直幹《むこうだなおき》カメラマンからマルを発見したとの知らせが届いたんですね。六九年の五月のことでした。善は急げで、向田さんにマルの近況を写真と原稿で送ってもらいました。それをスイングジャーナルの八月

マル・ウォルドロン『レフト・アローン』Bethlehem

号で発表したら、これが大きな反響があったんです。そこから、マルとやりとりをするようになって分かったのですが、彼も新天地を求めて渡欧したものの、どうも演奏活動が芳しくなかったようなんですね。ならば、人気の高い日本に来れば必ず喜ばれるだろうし、来日する気はあるかと手紙で尋ねると、彼から是非行きたいと返信が届いたわけなんです。

　これは、後年になってドイツのトランペッター、ダスコ・ゴイコヴィッチに聞いた話ですが、彼はヨーロッパでマルとばったり会っていたということなんですね。一九六六年の暮れ、ツアーで訪れていたローマの街を歩いていたら、交差点にマルらしき人物が呆然と立っていた。それで、マルか？　と聞くと、首を縦に振った。「こんなところで何をしてる？」と聞くと、マルは「することがなくてね」と応えた。そうなら、ドイツに自分のクラブがあるから一緒にやらないかとダスコが誘って、マルはドミシルという有名クラブのハウスピアニストになったんですね。ダスコとのそんな出会いがあったものの、またマルはヨーロッパ中を転々としながら演奏を続けていたようなんです。六九年の時点では、わたしは彼がそこまでの状況とは知らず来日をオファーしていたわけです。でも、あの時前向きな返信があったということは、どんなきっかけでもいいからマルは再起をかけたかったのだと想像できるんですね。

一九六九年秋、日本に来たいというマルのために、自分は何ができるのかと考えていました。それで、日本滞在に密着取材しながら、新しくレコードを作るアイデアを出したんですね。評価を受けた『オール・アローン』があっても、数年前に吹き込まれたレコードなので、現在のマルの演奏を聞いてみたいと思った。それでビクターに打診したら、やはり業界でも人気が高かったんですね、すぐにゴーサインが出ました。ソロとトリオ、とにかくアルバムを二枚作ることになりました。でもこれは、観光の置き土産としてレコーディングする意味合いにしました。あくまでも、マルが日本に来てみたいという希望を叶えるため、録音物を作る。その方が彼も来やすいし、レコーディングで捻出される資金を滞在費に当てることもできる。なおかつ、マルには演奏料も払うことができるわけです。それに、録音は作品としても残り、彼の次のステップにもつながる。さらにいえば、スイングジャーナルでレコーディングを含めた来日滞在の大特集が組める。我ながら、これは一石二鳥以上の企画だと思いました。

そして、マルは七〇年二月に初来日しました。十日間の滞在中、わたしはとにかく彼に密着したんですね。訪れた名所は、東京では東京タワー、京都に足を伸ばして銀閣寺、龍安寺の石庭。その間、ずっとインタビューを続け、生い立ちから現在まで根掘り葉掘り聞いていきました。コンサートの楽屋でするようなインタビューとちがって時間はあるわけで、新幹線やタクシーでの移動、食事の間も常に会話していました。チャールス・ミンガスのグループに参加した五〇年代のこと。エリック・ドルフィーやブッカー・リトルらと繰り広げた伝説のファイブ・スポットのセッション。そして何よりも彼の出世作『レフト・アローン』で、ジャッキー・マクリーンに演奏を頼んだ時のこと。彼の多彩な経歴は、ヒストリカルな意味においてもジャズ史の王道を歩いていて、話題に事欠かなかったんですね。それをすべて聞いていると相当な情報量になったんです。

結果、滞在記は「マル・ウォルドロン物語」という読み物で二カ月に渡って掲載しました。原稿もかなりの長文になり、グラビアも充実させたので十数ページという異例の大特集になったんですね。前にもお話しましたが、当時はスイングジャーナルといえども、海外の有名ミュージシャンの紹介記事は海外から届いたソースに頼っていました。参考資料や何がしかの材料を肉付けして文章化する程度。だから、ミュージシャン本人に直接インタビューし、一次情報を基にひとつのストーリーに仕上げるという原稿はまれにしかなかったんです。わたしとしては、マルにとって最初の本格的な日本への紹介記事になるので気合いが入っていたわけですが、当時としては画期的な誌面になりました。

一方で、レコーディングにはマルのソロに一日、ドラムスの猪俣猛とベースの荒川康男とのトリオ演奏に一日当てました。タイトルはそれぞれ『トウキョー・レベリー』と『トウキョー・バウンド』。日本滞在が色濃く反映されたものになったんですね。『トウキョー・バウンド』を例に挙げると収録は四曲。その中には、京都に移動中の新幹線から眺めた富士山をイメージした「マウント・フジヤマ」という曲や、レコーディングに関して全権を握ったビクターのディレクターに捧げた曲「Rock One For JinboSan」もありました。マルは、曲作りに関しては寡作なタイプではないし、体験したことをすぐ音に反映できるタイプのミュージシャンなんですね。だから、これらの曲は滞在中に作ったのだと思います。

でも、「ジャパニーズ・アイランド」という一曲だけは、ヨーロッパで日本のイメージを膨らませて書いたようなんですね。この曲の解説には、「この曲は日本、及び児山紀芳氏、そしてこの旅行の実現に骨を折ってくれたマキノ氏に献呈されるものだ」と、マルのコメントが入っています。わたしや関係者の名前を挙げながら、来日のチャンスをくれたことに感謝してくれているんです。マルと一

マル・ウォルドロン『トウキョー・バウンド』Victor

緒に時間を過ごして、わたしは彼が律儀で非常に愛情深い人物だと感じたのですが、この言葉ひとつとっても、その人格を理解できるように思うんですね。また、このレコードは後年になってスイングジャーナル選定のゴールドディスクに選ばれるという、わたしたちにとっても大きな成果になりました。ちなみに、ライナーノーツはスイングジャーナルの読者から批評家を募る登竜門企画で選ばれた悠雅彦さんに書いてもらいました。

とにかく、マル・ウォルドロンという存在は、このスイングジャーナルの特集でその全容が初めて明かされ、掲載の直後に数年ぶりのレコードがリリースされたこともあって日本人の間により深く認知されたんですね。そして、翌年にマルは初公演という形で再来日します。それ以来、マルの日本での活躍が増え、ほぼ毎年のように来日するようになるんです。面白いことに、彼を呼んだのはレコード会社やプロモーターではなく、ライブハウスのオーナーたちだったんです。日本のジャズファンも、はじめは『レフト・アローン』というような録音物を通して彼に出会ったわけですが、実際にその人柄を知って、さらに身近な存在になっていったようなんです。

マル・ウォルドロン『トウキョー・レベリー』Victor

マルはタバコをかなり吸っていましたけど、深酒もしなければ贅沢な生活もしなかった。寡黙で、いわば孤高の旅人のような印象ですが、一度心を通わせれば非常にフレンドリーに付き合える人間でしたから、ライブハウスのオーナーたちとも友好な関係を築くことができた。オーナーたちに、一カ月うちのハコでやって欲しいとお願いされても、気軽に応じていたのだと思います。そういうこともあって、マルが一年の半分ほど日本にいるような年もあったんですね。彼も、日本や日本人を愛していて、実際、後年になりマルは日本人の女性と結婚することにもなったんですね。

でも、マルの日本での活動のきっかけを演出したわたしといえば、最初の来日以後、深く交流していなかったんです。当然ですが、雑誌メディアはひとりのミュージシャンを追っていれば仕事になるというサイクルにはないわけです。次々と入ってくる情報に対応しながら、新しいプロジェクトを発信していかなければならない。ひとつのプロジェクトをやり終えたら、自分としてはひとつの役目を終えたと思っているんです。後は、プロジェクトが一人歩きしていくのを期待し、距離を置かざるを得ない。であるがゆえ、わたしも次のプロジェクトにエネルギーを使うことができるわけです。その仕事の繰り返しの中で、十年後、再びマルとめぐりあう機会があったんです。

それが、八二年にわたしが監修したアルバム『マル・ウォルドロン・イン・レトロスペクト』です。これは、ちょうどマルが東京に来たタイミングで、サックスの宮沢昭とスタジオに入って録音したんですね。宮沢さんのことは、わたしは以前から偉大なミュージシャンとして尊敬していて、前年、日本フォノグラムのNEXT WAVEレーベルで一枚作っていたところでした。そんな宮沢さんとマルを組み合わせたら、聞き応えのあるセッションになるのではないかと思ってテイチクに持ちかけてできた企画だったんです。実際現場でも、宮沢さんのフルートがマルの代表曲「オール・アローン」のフレーズを繊細に奏でるところなど狙い通りで、ベテラン同士の滋味溢れる共演になったんですね。ここで、また彼とのレコーディングを思いついたということは、わたしの中で彼への関心が薄れていなかった証なんだろうと思います。

こうして彼のことをさまざま思い出してみると、「オール・アローン」というタイトルは、本当にマル自身を表した言葉のような気がします。お分かりのようにマルは饒舌ではないし、お世辞を言って世渡りするような人間ではないんです

『マル・ウォルドロン・イン・レトロスペクト』Eastwind

ね。極めて誠実で、素朴という言葉がぴったりな人物なんです。マルの音楽は、そんな彼の人となりを表しているのだと思います。だから、その音楽を聞いているわたしたちが引き寄せられるわけです。渡欧後、思うようにいかなかったマルも、来日してから息を吹き返した。演奏の活動範囲だけではなく、彼自身の人生が広がっていったんですね。それは、日本人の女性と結婚したことにも表れていると思います。彼は、日本の人たちに自分の人生を助けてもらったと思っていたのかもしれません。ですが、マルの音楽を聞いたわたしたちの中にも、マルの音楽に人生を助けてもらったと感じている人が数多くいるのだろうと思います。

アート・ペッパー

続いても、日本人に愛されたミュージシャンについてお話したいと思います。アメリカ西海岸で一九五〇年代から活躍したアルトサックス奏者のアート・ペッパーです。生前、日本における彼の人気は圧倒的で、アメリカ本国をはるかに凌ぐものだったんですね。なぜ日本人にそれほどまで愛されたかというと、その演奏に答えが詰まっているように思うんです。うまく表現できるかどうか分かりませんが、ペッパーの演奏は、ウエストコーストの風土が持つ明るさを感じさせる一方、そこには哀愁に満ちた彼自身の生きざまが滲み出ているように思えます。麻薬中毒で何度も瀕死の状態になりながらも、高音を奏でるアルトサックスに全身全霊で立ち向かったミュージシャン。繊細な感情表現を好む日本人が、そんなペッパーの凄みをアメリカ人以上に理解していたということになるのかもしれません。

わたしがペッパーの音に出会ったのは、大阪の喫茶店バンビに入り浸っていた頃です。以前お話したように、店の二階で月一回レコードコンサートを開かせてもらうようになり、必ず最後に掛けていたのがソニー・ロリンズの『サキソフォン・コロッサス』でした。そして、それに負けず劣らず流していたのが、ペッパーの『ミーツ・ザ・リズム・セクション』だったんです。なぜこのアルバムに惚れ込んだのかというと、それはレコードを買った時に遡るんですね。当時、大阪にはレコード店が豊富になく、スイングジャーナルを開くたびに東京・新宿のマルミという直輸入盤専門店の広告が載っていて、いつか行ってみたいと思っていました。それを叶えるには、店のレコード購入係として行くのが一番だと考えて、バンビのマスターに資金を工面してもらい上京をしたんですね。それで、やっとマルミに行くことができたのですが、店に入った瞬間、最初に目に入ったのが、アルトを抱えたペッパーが様になるこのアルバムでした。とにかく購入したい衝動に駆られたんですが、でも実際に聞いていないし、どうしようか迷っていたら、店の人に「わざわざ東京に来たんだから、これを買わない手はないよ」と、言われたわけなんです。それで、思い切って購入したんですね。

アート・ペッパー『ミーツ・ザ・リズム・セクション』
Contemporary

夜行列車でも肌身離さず抱え、大阪に着いたその足でバンビに立ち寄りました。それで針を落としたんですが、もう一聴しただけで大好きになってしまいました。内容も今までに聞いたことがないジャズで、素晴らしかった。ジャッキー・マクリーンのようなイーストコーストのアルト奏者の音とちがって、明快で切れ味のある美しい響きにすっかり惚れ込んだんです。クリックひとつで音源が手元に届く今の時代からすると想像が及ばない話かもしれませんが、わざわざ東京まで行って手に入れたレコードという経験込みで、自分の記憶に強く残る一枚になったわけなんです。

ペッパーのそんな記憶も鮮明なまま、わたしはスイングジャーナルの編集長になっていました。一九六八年から、たっての希望だったアメリカ取材を開始したんですね。取材は東海岸が中心でしたが、当時はニューヨークへの直行便がなく、ロサンゼルスを経由して入る時代。そのルートを行き来しながら、いつかロサンゼルスに途中下車し、コンテンポラリーというレコード会社を訪ねたいと思っていたんです。なぜなら『ミーツ・ザ・リズム・セクション』は、そこで録音されたものだったんですね。アルバムをプロデュースしたのが、レスター・ケーニッヒでした。

彼は一九五一年にレーベルを創立し、その頃台頭し始めていたウエストコーストジャズをいち早く取りあげ、世界に広めた立役者としてよく知られる存在でした。ハワード・ラムゼイ率いるライトハウス・オールスターズなどの白人ミュージシャンのレコーディングを行うと同時に、西海岸を訪れる演奏家と地元の演奏家を組み合わせるという好企画を数多く演出していました。例えばニューヨークから来たソニー・ロリンズとシェリー・マンらを共演させた『ウェイ・アウト・ウエスト』。『ミーツ・ザ・リズム・セクション』でも、西海岸を訪れたマイルス・デイヴィスのリズムセクションとペッパーを顔合わせさせ、文句のないアルバムを残していた。当時のマイルスのリズムセクションは、ジャズ界最強で、「オール・アメリカン・リズム・セクション」と呼ばれたほどでした。ピアノがレッド・ガーランド、ベースがポール・チェンバース、ドラムスがフィリー・ジョー・ジョーンズ。西海岸のアルトサックスの最高峰と東海岸最強のリズムチームを共演させるという、文字通りのドリーム企画だったんです。

そのレスター・ケーニッヒに初めて会ったのは七一年の夏。ニューヨークでの取材を終えて、帰国のためロサンゼルスに一時滞在した時でした。乗り換えの時間を使ったプライベートな滞在でしたが、レスターのオフィスに顔を出すと大変歓迎してくれたんですね。彼はフレンドリーな性格で、ひとしきり話してからも、ロサンゼルスは広いので行きたいところがあれば車で案内すると申し出てくれました。その親切に甘え、ジャズ写真家でレコードコレクターでもあったレイ・エイブリーが開いたレコード店に連れて行ってもらったんですね。当時、その店がコレクターのメッカになっていたので行きたかったわけです。そこでいくつか中古レコードを購入し、そろそろおいとましなくてはと思っていたら、レスターが「君は明日帰国なんだから、まだ何かあれば手伝うよ」と言ってくれたんですね。

彼の好意に恐縮しながらも、もしチャンスがあればアート・ペッパーに会ってみたいと思ったんです。当時、ペッパーの活動が日本まで聞こえてきていなかったので、レスターなら彼の事情を知っていると思ったわけです。それで、彼にペッパーに会えるかどうか尋ねると、ちょっと時間が必要だけどトライしてみるよと言ってくれました。それでペッパーに連絡を取ってくれた。レスターは、電話でペッパーとしばらく話した後、「ペッパーはシナノンに入っている」と、言ったんです。聞き慣れない言葉だったのでもう一度問うと、シナノンというのは麻薬療養患者の更生施設だというわけです。そこにペッパーが長年入っているということでした。これには驚きました。ペッパーが六〇年代に麻薬で長く演奏活動を中止していたのは知っていましたが、彼が今も療養中だとは思いもしないわけです。当時のジャズミュージシャンにはドラッグは付き物だし、それほど衝撃を受けることでなかったのかもしれませんが、やはり目の前でその話を聞くと思わず身構えてしまいました。

でも一方で、わたしの頭の片隅には、もしペッパーの近況が分かれば、それがどんな状況でもスイングジャーナルで報告したいという思いがあったんです。日本には彼のファンが多いし、その期待に応えることができたら画期的な誌面になる……と、雑誌の編集長としての勘も働いていた。それと同時に、やはり衝動的にペッパーに会ってみたいという言葉が口をついて出たのは、単純に好きなミュージシャンと話をしてみたいという個人的な思いがそうさせたような気がしてならないんですね。そこには、あの新宿のレコード店で『ミーツ・ザ・リズム・セクション』に出会ってから抱え続けている、ジャズファンとしてのペッパーへの愛着があったように思うんです。

結局、レスターが協力してくれたことで、ペッパーに会えることになりました。でも、通常わたしのようなものが麻薬の療養施設に入ることは難しいわけです。

身元不明の客が麻薬を隠し持っている可能性もあるわけで、関係者以外は入れない。レスターという信頼のある人が連れてきた客ということで、施設やペッパーも了承してくれたんですね。また、日本からジャズ・ジャーナリストがわざわざ来たことも許可が出た理由にあったのかもしれません。それで、いよいよペッパーと対面したわけです。ホッとしたのは、彼が健康的に回復しているのが外見からも分かったことです。精神的にも安定している状態だったので、ペッパーにはいつも取材でするようにインタビューしました。例えば、この施設で一日何をしているのかというようなこと。そうしたら、彼は施設内のさまざまな場所で物を作っているというんです。彼らは、自分たちが生産した物を施設の外部に販売することで、その生活を賄っているようでした。とにかく、自ら活動資金を生み出すことのできる自己完結型のコミュニティーだと熱く語ってくれました。

仕事以外のことに話題を振ると、患者の中に音楽仲間がいたりするので、時折ジャムセッションを楽しんでいると答えてくれました。彼は、話の途中でよく「ただし、自分たちは外に一歩も出ないんだけどね」と、言葉を挟んでいました。自分が置かれた立場を客観的に見ようとしているのが、わたしにもよく理解できたわけです。そして、こんな隔離された世界だけど、と前置きしながら、ガールフレンドができたことも明かしてくれました。ガールフレンド本人には会えませんでしたが、その女性が後にペッパーと結婚するローリー・ペッパーだったんです。

この時、わたしが一番記憶に残っているのは、彼から最後に返ってきた言葉でした。わたしが、「日本には、あなたの音楽を聞いて感銘を受けた大勢のファンがいるので、できれば復帰して欲しい。雑誌を通じてメッセージを届けるから」と、激励の意味も込めて、そう伝えたんですね。すると、ペッパーが「もちろん自分も復帰したいけど、ここにいると安全なんだ。ここにいれば、仲間たちと一緒に薬物依存から抜け出すためのグループセラピーができるし、出るつもりはないんだ」と言ったんです。その言葉の真意を、わたしは施設にいさえすればドラッグディーラーに捕まることなく平穏に過ごせるということだと受け取ったんです。と同時に、わたしの頭をよぎったのは、このまま別れてしまえば、二度とアート・ペッパーの生の音を聞くことができなくなるという思いでした。気づくと、わたしはペッパーに向かって「ここまで来たのだし、今あなたの生の演奏が聴きたい！」と懇願していました。それに対して、彼はあっさりと「じゃ、建物の裏の海岸に行こう」と誘ってくれた。そして、海岸で楽器を取り出すと、ひとしきり、わたしの前でサックスを吹いてくれたのです。この時の感動はわたしの人生でもっとも貴い宝物になっています。

帰国後、しばらくして驚くべき展開がありました。突然、ペッパーが復帰したというニュースが伝わってきたんですね。わたしの取材から一年も経っていないタイミングでした。もしかしたら、何千キロも離れた日本から会いに行き、激励したことがその後押しのひとつになったのかとも思いました。でも、何よりも、彼がまた人前でサックスを吹こうと腰を上げてくれたことが嬉しかったんです。そして、またレコードで新しい音を聞けることに、気持ちが高ぶりました。復帰作は、やはりレスター・ケーニッヒがセッティングして作られることになっていたんです。やはり、ペッパーをサポートしたのはレスターでした。彼とペッパーは単なるプロデューサーとアーティストというビジネス上の関係を超えて、互いを信頼し合える存在だったんですね。過去にペッパーが内臓破裂を起こして命の危機に陥った時も、病院に担ぎ込んだのがレスターでしたし、入院費を含めペッパーを全面的に支えてきたのも彼だったんです。

とはいえ、レスターはペッパーだけを特別扱いするようなことはしなかった。

わたしを暖かく迎えてくれたことがそうでしたし、どのミュージシャンに対しても同じように付き合う人物でした。話が前後しますが、訪れたあのロサンゼルスの会社も、名門レーベルとして不動の地位を築いていましたが、平屋建てのオフィスは非常に質素で社員がひとりいるだけで、レスターの愛車もボンネットが日焼けしてくすんでいたんです。ニューヨークの大手レコード会社を見てきた者としては拍子抜けするほどで、レスターが贅沢な生活に無関心な様が見てとれたんですね。さらにいうと、オフィスの隣にある小さな倉庫がレコードなどの保管場所になっていて、棚にマスターテープなどの歴史的な遺産が無造作に置かれていました。その脇に、テープデッキや調整卓などのレコーディング機材が設置してあって、なぜ？　と思ったのですが、実はこの倉庫がスタジオでした。しかもミュージシャンたちが演奏する場所はその片隅で、防音壁がなかったんです。

ペッパー復帰後の七六年七月、ペッパーとアート・ファーマーが共演した『オン・ザ・ロード』のレコーディングをこのスタジオで見せてもらったんです。簡素なスタジオでの録音はどんなものか興味津々だったのですが、これが至ってスムーズに進んだんですね。分厚い防音壁に仕切られた本格的なスタジオとちがって、この雰囲気の方がむしろミュージシャンたちをアットホームな気分にさせる効果があったんです。簡素だったからこそ、あのウエストコースト独特の軽快なジャズが生まれたのだ、と傑作の理由が分かったように思ったものです。レスターの温厚で飾らない人柄を表しているようなスタジオでしたから。

話が逸れましたが、とにかくペッパーはレスターの元で吹き込み、長いブランクから脱したわけです。再始動後のペッパーの活動は、ローリー・ペッパーが彼に代わって編集部に伝えてくれていました。彼女から手紙が届くと、それを元にした記事を逐一発表していたんですね。そうして、日本のファンにも次第にペッパーの姿が伝わるようになっていったんです。地道な交流が功を奏したのか、一九七六年にヴァイブ奏者のカル・ジェイダーのバンドが来日した際に、急遽ペッパーがゲストで来日するということになったんですね。その公演には、ペッパー見たさにカル・ジェイダーを凌ぐほどのファンが訪れました。これを機に、日本に潜在的にあったペッパー人気が再び盛り上がってきたわけなんです。その時、わたしもペッパーらに会い、次は必ず自分たちのバンドで来日したいというコメントをもらい、記事にしたのを覚えています。

そして翌七七年、ペッパーが彼のバンドで来日公演をすることになるんです。ここで、日本のファンは完全復活した彼の姿を目に焼きつけたんですね。演奏に関しても、情熱が溢れ訴求力があるあのアルトが帰ってきたことにファンは喜んだ。事実、多くのファンの声を受け、その後もペッパーは何度も来日することになりました。

わたしが彼のステージでもっとも記憶に残っているのは、一九七七年ニューヨークに場所を移して開催されていたニューポート・ジャズ・フェスティバルに登場した時でした。ペッパーは西海岸から出ない演奏家で、これが初のニューヨーク公演だったんです。それもゲストではなく、彼のバンドでの出演でした。これが本当に素晴らしい演奏だったんです。ペッパーをニューヨークで聞けたことにも感動してしまい、終わると同時に、わたしは思わず客席からステージに駆け上がったんですね。もちろん、舞台のペッパーを激励したかったのですが……結果、これは警備員に怒られることになりました。しかし、それほど彼の演奏に熱狂したわけで、ペッパーは完全にジャズの第一線に戻ってきたのだと確信したんです。

また、彼はコンサートだけでなく、精力的に吹き込みも続けていました。ちょうど、ニューポートで見たのと同時期の七九年に、『トゥデイ』というアルバムを発表しています。その中に「マンボ・コヤマ」という一曲があるんです。お分かりかと思いますが、この曲にはわたしの名前がついているんですね。わたしは

アート・ペッパー『トゥデイ』Galaxy

この曲のことを、発表する前にローリー・ペッパーから聞いて初めて知ったんです。実際にはアルバムがプレスされてから聞き、ラテンの軽快な曲にわたしも一発で気に入りました。彼自身も、晩年のコンサートで得意のレパートリーにするほどお気に入りだったようなんですね。それを理由に、多くのステージ録音が残っている。ですから、義理で作ったわけではないと思うんです。でも、ペッパー本人から「君のために、ついに曲まで書いちゃったよ」ということは聞いていないんですね。彼は、面と向かって思いを伝えるようなことはしない。何かあれば、ローリーを通して伝えてくれるわけなんです。そんな、奥ゆかしいところのある人物なんです。

ペッパーは八二年に脳溢血になり、五六歳の若さで亡くなりました。やはり「もちろん復帰したいけど、ここにいると平穏で安全だからいるんだ」という、あのシナノンで交わした最後の言葉が脳裏に焼きついています。そこに、彼の人生の大きな部分を占めた麻薬との戦いが強く表れていると思うわけなんです。その戦いは本当に厳しく、本人にしかその辛さは分からない。普通であれば、「できるだけここから出るように努力するから、期待して欲しい」と、返すことができるわけです。だから、わたしはもう彼が復帰することはないと思っていた。そして最後にと思って、演奏をお願いしたんです。太平洋に面した海岸で、近くで遊んでいた子どもたちの歓声と波の音に混じってその音が聞こえてきた。五十年近くが経った今ふと目を閉じても、わたしの中に鮮やかにその光景が蘇ってくるんです。

ソニー・ロリンズ

ここからはジャズ界最年長のプレーヤーのひとり、ソニー・ロリンズを取り上げたいと思います。彼については、これまで何度も名前を挙げているように思いますが、もう一度その出会いからお話したいと思います。アート・ペッパーのところでも触れましたが、彼の『サキソフォン・コロッサス』は五〇年代後半のわたしのベストアルバムでした。バンビのコンサートでも必ずトリに流していたほど惚れ込んでいたんですね。このレコードの何が素晴らしかったかといえば、とにかく音が良かった。エンジニアのルディ・ヴァン・ゲルダーが手掛けた録音は、数ある名盤の中でもずば抜けていました。ダグ・ワトキンスのベース、マックス・ローチのドラムス、トミー・フラナガンのピアノ、すべての音がどれも際立っていて、さらにそこに乗っかるワンホーンのテナーは息遣いが聞こえるほど迫力があった。それを、わたしは当時喫茶店の最高級のハイファァイオーディオ装置で聞いていたわけで、まずはその音響技術に圧倒されたんです。

もちろん、四人の演奏自体が群を抜いていたのは言うまでもありません。ミュージシャンたちは、毎日のようにスタジオやライブハウスで演奏しているわけですが、いつもベストな演奏ができるとは限らない。人間だから、どうしても日によって出来不出来があるわけです。でも、これを録音した五六年の六月二二日に限っては、四人の演奏がこれ以上ない形で結晶されているんですね。それは曲の長さにも表れていて、アルバムには五曲が収録されているのですが、配分が絶妙なんです。B面の二曲についていえば、九分五七秒と十一分十二秒で、トータル二十分を超えて、LP片面収録の容量限界まで入っている。四〜六分ほどの標準的な長さの曲を詰め込んでいるわけでもないし、十五、六分ほどの一曲で終わっているわけでもない。わたしに言わせると、このアルバムは曲の配分が完璧な上に、録音された音と演奏の素晴らしさが加わった奇跡のような一枚なんです。

とにかくロリンズという存在は、若きジャズファンのわたしの心を鷲摑みにした偉大なアーティストだった。それが五〇年代の末。その後わたしは、冒頭でお話したように、ダウンビート日本語版創刊のためロリンズのディスコグラフィを寄稿することになりました。そして六〇年の年末に上京し、ダウンビート編集部に入った。翌年には、雲隠れしていたロリンズをニューヨークの橋の上で発見し、記事にしています。こうして時系列を追ってみると、一介のジャズ愛好家をプロの世界に引っ張り上げてくれたのがロリンズだったように思えてくるわけです。ここからは、ロリンズ本人と交流が始まってからのことをお話ししていきたいと思います。

彼との初対面は、スイングジャーナルの編集長になって一年も満たない頃、六八年の初頭でした。二度目の来日公演に際し、横浜の禅寺で座禅修行をしたいと希望した彼に同行するというものでした。カセットテープを回しながらの本格的なインタビューではなく、お寺での座禅体験やタクシーで移動する中、彼と交わした会話を材料に記事にまとめるという仕事になりました。ロリンズは当時から大スターだったので、密着してその行動を伝えるだけでもニュースになったわけです。その日、思い出すことのできる彼の印象といえば、お寺の住職の話を真剣な眼差しで聞いていたこと。

というのも当時、彼は仏教に非常に惹かれていたんですね。ニューヨークではヨガの修行にいそしむほどで、拝観はロリンズにとっては異国趣味などでなく、この日は念願の座禅体験だったわけです。ジャズミュージシャンというものは、曲を作れば絶えず新たな創造が求められ、演奏になれば瞬時のアドリブが要求される。そんな過酷な毎日を過ごせば、どうしても生活が乱れてくるわけです。彼がしきりに話していたのは、自分は心身とも健全な状態を保つために、東洋的な鍛錬を必要としているということでした。ロリンズからは、通常ジャズメンが口にしないようなそういう話がどんどん出てくるんですね。実際に彼に会って初めて、これは並大抵の演奏家ではないと感じ、ロリンズという人間自体に興味が湧くようになったんです。

彼との二度目の接触は、アメリカ取材を始めて間もない頃でした。ニューヨーク滞在中、ヴィレッジヴァンガードでリハーサルしていると聞いて、クラブまで押しかけたんです。メンバーとの音合わせがひと通り終わり、ロリンズがアパートに帰るというので、思い切って一緒に行きたいと頼んでみました。そうしたら、彼が断らなかった。だから、そのまま車に便乗して図々しくついて行ったんですね。有名ミュージシャンのアパートに行ったのはこの時が初めてでした。自分としては、彼らがどんな環境に住んで、何を考えながら音楽を作っているのか知りたかったんですね。だから、インタビューしながら、この風景を忘れてはいけないと、部屋の見取り図を書いたのを覚えています。

ソファーやベッド、レコードや楽器が部屋のどこに置いているのか分かれば、帰国してからスムーズに記事に移ることができると考えた。というのも、当時ジャズ・ジャーナリズムの現場では「自分でインタビューし、執筆する」という仕事がほとんどなかったんですね。マル・ウォルドロンの来日で初めて長編記事を書いたことはお話しましたが、ダウンビートの後、スイングジャーナルに入社するまでは、増刊号など任されていても本格的に取材をしたことがなかった。というわけで、取材スタイルを模索しつつ見取り図まで書いていたわけです。でも書いていると、途中でロリンズがどこかに行ってしまったんですね。それでアパート内を探したら、彼が別の部屋で逆立ちしてヨガをしていた。仕方がないので、その日はそれで終わりにして、玄関のドアをそっと開けて帰ったんです。

何だか笑い話になってしまいましたが、この時取材して思ったのは、わたしが密かにリハーサルに潜入し、アパートにまで追いかけて行っても受け入れてくれるほどロリンズは器の大きな人物だったということです。彼と付き合って分かるのは人間的な大きさで、一番それを感じさせてくれるのはステージに立っている時でした。その悠然として豪快な演奏には本当に惚れ惚れさせられました。しかし、その反面、彼には非常に弱いところがあるのも感じます。ある高みの境地に至りたいと考え、努力を続けているけれども、思うようにならずに悩んでいる姿が垣間見えることがある。どうして自分が希望する地点に到達できないのか、しばしばロリンズは頭を抱えて葛藤するんです。

そんな姿を直接目にして、大きな衝撃を受けたことがありました。ギタリストの増尾好秋がロリンズのバンドに参加していた時でしたので、おそらく八〇年代前半だったと思います。彼らがリハーサルをやっているというので見に行きました。着いたらすでに後半戦で、ほどなくしてリハーサルが終わったんですね。それで、メンバーたちはスタジオを出て帰っていった。でも、ロリンズだけがガランとした部屋に残っているんです。うな垂れるようにしてひとり椅子に腰掛けていて、わたしも出るに出られなくなったんです。とにかく元気がないので、とりあえず隣に座りました。そうしたら、彼が「上手くいかない」とつぶやくわけです。やはり、その日の演奏に思うような高揚を感じなかったということなんです。リハーサルにも関わらず、なぜそこまで彼は落ち込んでいるんだろうか……そんなことを考えていたら、自分まで悲しくなってきた。そこには、世界に冠たるテナーサックス奏者が悩む姿を見たくなかったという思いもあったと思います。それで、思わずわたしが泣いてしまったんですね。
ロリンズを見ると、彼も半ば泣き出しそうになっていました。それで、わたしが「そこまで自分を責めることはないでしょう。わたしたちは、あなたがステージに立って楽器を吹いてくれたらそれで満足できるんですから」と、諭したんです。でも、彼は返事をせず、そうじゃない、という風に首を振りながらひとり考えているんですね。この時、わたしはロリンズはおそらくどこかに向かうために進んでいるのではなく、すでに目標地点に達して行き詰めていると思ったんですね。今いるところが行き止まりなのだから、どこへ行くべきなのか分からなくなる。そんな、誰も経験しないような悩みの中にいるように思った。そんな風にして、彼はわたしたちに見えないところで壁にぶつかり、その度にどうしたら抜け出せるのかと考えて八方塞がりになる。それで、ついには、公の場に出てこなくなるのだと思ったわけです。

彼が、これまで何度も活動休止してきたのはご存知かと思います。ダウンビート日本語版で、雲隠れ中の彼を橋の上で発見したという例のスクープ記事を発表したのは六一年でした。五六年リリースの『サキソフォン・コロッサス』以降も精力的にアルバムを出し、飛ぶ鳥を落とす勢いの中、五九年夏のステージを最後にその姿を見せなくなった。期待を掛けられれば掛けられるほど、思うように演奏できない自分への落胆が大きかったわけです。だから、彼はもう一度音楽というものを学び直そうと、ひとりの世界に籠った。六一年十一月に復帰するまでの二年は、彼にしてみれば「引退」でも「隠遁」でもなかったんです。いわば、自分に磨きをかける期間だった。その間、考えていたことは、納得のいかない状態のまま演奏はできないということ。さらに磨き、別の次元まで自分を持って行くことができたら人前で演奏したいと考えていた。自分に厳格なロリンズゆえに、人目につかず自由に音を出せる橋の上を選んでテナーを構えていたわけなんです。

　ロリンズのそんな姿を、わたしたち以外にもアメリカのメトロノーム誌も報じたことはお伝えしました。わたしも発表した当事者ですが、ロリンズは、わたしがそのスクープをした一人だということは気づいていないようでした。むしろ強いインパクトを受けたのは、メトロノームの方だったと言うんですね。自分は「橋でレッスンしていたことは記事にしないで欲しいと念を押した。でも、記者がそれを反故にしたんだ」ということでした。メトロノームの記者はラルフ・バートンという変名で記事を書いたのです。彼はそのことに強く憤っていました。

ソニー・ロリンズ『橋』RCA Victor

それに比べて、わたしたちの記事は通信社の川畑さんが、彼の家族にまでコメントをもらう丁寧な取材をしていた。ロリンズ本人からすれば、記事にするのなら正々堂々と取材された方が納得いくということだったのかもしれません。

ロリンズに限らずですが、やはり取材する本人と話を重ねてこそ、初めて聞ける本音があるわけです。そのためには、とにかく頻繁に会うことが必要です。でも、彼ほどの大物であればあるほど、その全体像を摑むのが難しいことも確かです。当然ですが、やはり活動休止から復帰するタイミングは彼にしか分からない。しかし、多くの記者は、胸の内を推察しようともせず、それを「引退した」というような表現を使って記事にしてしまう。ロリンズと密に交流すれば、彼はこれまで一度も引退する気はなかったことが分かるわけです。活動を停止した現在でも、彼は引退を口にしていない。そんな彼だから、復帰する時は、自分の意志で周囲に伝えることが多くなるわけです。六八年に日本で同行取材した後に休止期間に入り、七二年に活動を再開した時もそうでした。ロリンズは自分からプロデューサーのオリン・キープニュースに声をかけていたんです。

キープニュースは、五〇年代にリバーサイドというレーベルを立ち上げて一時代を築いた人物でした。六六年に新しくマイルストーンというレーベルを作っていて、ロリンズはそのレーベルで『ネクスト・アルバム』を吹き込んで活動を再開しました。実はわたしもその録音に立ち会っていました。それは、ロリンズというよりもキープニュースが声をかけてくれたんですね。わたしとキープニュースとは、最初のアメリカ取材からつながっていました。当時、スイングジャーナルで名門レーベルのオフィスを訪問し、各社に今後のレコード制作の計画や当面のラインナップを聞いてまわるという連載を企画していたんです。そこに、プロデューサー自身にスポットを当てるコーナーもあって、キープニュースを取材したことからその距離が縮まりました。彼が過去に手掛けたレコードには、ロリンズ以外にもビル・エヴァンスやウェス・モンゴメリーというわたし好みのミュージシャンがいることもあって、自然と交流の頻度が高まっていったんですね。それで、彼とは気心が知れるようになった。通常、彼が行うレコーディングは立ち入り禁止なのですが、録音日にちょうどわたしがニューヨークにいたので呼んでくれたというわけなんです。

　このレコーディングに立ち会えたことは、ロリンズの新たな一面を発見できる貴重な体験になりました。スタジオに入る前に思い描いていたのは、ロリンズほどのミュージシャンなら、本番は一発ＯＫばかりなのだろうということでした。

どうしてもわたしの中には『サキソフォン・コロッサス』のイメージがあって、彼ならばテイクを重ねるような録音をするはずがないと思っていたのです。細かい点は気にせず、一曲なり一枚なり、そのアルバムのトータルな出来を見ながら進行していくにちがいない。だから、レコーディングもあっという間に終わるものだろうと考えていた。でも、それが見事に覆されたんですね。『ネクスト・アルバム』の録音では何度もテイクをやり直すんです。しかも、ロリンズの指示でやり直す。キープニュースが、これで十分だとOKを出しても、ロリンズが「もう一回！」という調子で進んでいくわけです。まったく終わりが見えないので、キープニュースが業を煮やし「ここにいる、ミスターコヤマも今のテイクは素晴らしいと言ってるよ」と、ロリンズにアピールするほどだったんですね。キープニュースは早く終わらせたいのに、プレーヤーが一向にやめようとしない。

もうロリンズの辞書には、「完成」という言葉がないんだと思いましたね。最終的には、録音は五時間ほどかかりました。その日は一応無事に終わりましたが、驚くことにレコード化された音源は、後日レコーディングを追加でやり直したものでした。当然、ロリンズが演奏に納得していなかったということだったと思いますが、プロデューサーの立場からすれば相当つらい状況だったと言えます。し

ソニー・ロリンズ『ネクスト・アルバム』Milestone

かし、これも高い理想を持つロリンズというミュージシャンゆえのことなんですね。三年以上もの活動休止からの復帰で、彼からすれば今まで以上のものを創造したいと意気込んでいた。今までの自分にないものを求めれば求めるほど、生みの苦しみが伴ってくるわけです。

ある時、ロリンズから「自分は音楽に劣等感を持っている」と聞いて、驚きつつも、彼ならばそうだろうと深く納得したことがありました。ロリンズの兄や姉は幼少期から音楽のアカデミックな教育を受けていたのですが、彼だけはその機会を逃していたということ。だから、彼は音楽については独学で勉強してきたというんです。兄姉はプロの演奏家になったわけではない。でもロリンズは、兄姉や、音楽理論を基礎から勉強してきたミュージシャンたちに劣る思いがあるので、自分はずっと勉強を続けてきたと話していました。超一流のミュージシャンでもそんなことを考えるのかと不思議でしたが、彼が一旦活動を止め、橋の上で寡黙に研鑽を積んでいたというようなことを考えると、その理由が分かるように思えるんです。それほど、彼が音楽に対して謙虚であるともいえるし、また独学の劣等感をバネに強い信念を持ち演奏活動をしてきたともいえるわけです。

ロリンズという人物が、強い信念を持っているという意味では、彼が折に触れて話していた、黒人とアメリカ社会との関わりを思い出します。人種差別のことになると、彼は実際に差別を体験した当事者として話をしてくれました。たとえば黒人への差別が激しかった四〇年代、高校までの通学路の住人たちに避けられ、物を投げつけられた記憶。なぜ白人たちにそこまで毛嫌いされるのか、彼はまったく理解できなかった。その事件は、黒人たちの怒りを買い、大きな騒動に発展したんですね。

でもその時、フランク・シナトラが通学路の住民たちがイタリア系アメリカ人だと知り、彼らを集めてコンサートを開いて説得したというんです。その一方で、ナット・キング・コールが、ロリンズたち黒人を校内に集めてコンサートを開き、事態を収めたということでした。それが、公民権運動が巻き起こってアメリカ国内が揺れ、ついに政府が公民権を交付する十年以上も前のことだったというんです。また、黒人による分離独立運動を唱えた指導者に共鳴していた祖母に連れられ、五歳の頃から集会に参加していたことなども教えてくれました。

とにかく彼は、黒人の社会的地位向上のために運動してきた多くの先人が、自分に表現者として差別と戦う勇気を示してくれたと言っていました。その影響は、彼が五八年にオリン・キープニュースのレーベル、リバーサイドに吹き込んだ『自由組曲』というアルバム、また、そこに挿入された宣言文でも分かります。「アメリカという国は、黒人のユーモアや音楽など黒人文化を抜きにしては存在し得ない。にも関わらず、アメリカ文化の創造に貢献した黒人がいまだに不当に差別され抑圧されている」という署名入りのメッセージ。彼は、このアルバムをチャールス・ミンガスやマックス・ローチよりも先にプロテストの姿勢を音楽に託したレコードだと自負しているんです。彼の人生で社会派作品として形にしたレコードはそれほど多くはありませんでしたが、やはり無関心でいたことはなかった。常に、彼はここぞという時に黒人としての発言をしてきたように思います。

最後に、ロリンズと日本との関わりについてお話したいと思います。幾度も来日し、彼は親日家で通っています。ある時、日本のことをどう思っているのか聞いたことがあるんですね。そうしたら、彼は「日本にいるとすごく心が安らぐ……」と、答えたんです。もちろん、それが日本人が彼に細やかに接する態度のことを指しているのは、いうまでもないことだろうと思います。でも、彼がそれから「ニューヨークにいる時に常に感じている緊張感が、日本に来るとすっと溶

ソニー・ロリンズ『自由組曲』Riverside

けてなくなって、ひとりの人間らしい世界に浸らせてくれる」と、言葉を付け加えたんです。これは、非常に腑に落ちました。

やはり、彼はアメリカにいる限り、肌の色がちがうことで自分にバッジをつけられているような窮屈さを感じているのだと思うんですね。要するに、人の平等が感じられない状態なのではないかと想像できる。でも日本に来ればそんな空気を感じることがない。だから安らげるわけです。それは、日本の自然環境が感じさせることではなく、あくまでも対人関係においてそう感じさせるものがあるということではないかと思います。

そんな彼ゆえに、近年、わたしからお願いしたことがひとつありました。二〇一一年の東日本大震災の直後、コメントをもらい、ラジオ番組でリスナーに届けたんです。悲惨な状況を前に、誰かにコメントをもらいたい使命感にかられて、最初に思いついたのはヘレン・メリルでした。彼女とはひんぱんにメールでやりとりしていたし、日本にも住んでいたことがあって、朋友とも呼べる間柄だったので当然かもしれません。その次に顔が浮かんだのが、ロリンズでした。でも彼はメールを使わないので連絡先が分からず、所属レーベルの広報に連絡を入れたんです。そうしたら、わたしも知っていたロリンズの友人で、ジャズの映像関係を手がけているブレット・プリマックにつながり、彼がロリンズからメッセージを受け取って、送ってくれることになったんです。

ロリンズならコメントをもらいたいと思っていただけに、わたしも嬉しかったわけです。そして、彼が残してくれたメッセージが、「いつどこで何が起こるか、誰にも分からない。だからこそ多くの人々にとってジャズは大きな意味を持つ。今は、これまで以上に日本に行きたいという気持ちだ」というものでした。特定の人を元気づけるためだけに発せられたような平凡な言葉ではなく、ロリンズらしい哲学的な内容だったと思います。やはり、この時もまた人間的な大きさと、彼が通ってきたその人生の深さを感じました。ジャズがわたしの人生となった決め手のひとつがロリンズとの出会いであった。そんな彼からのメッセージを自分の番組で流すことができたのは、わたしの人生でも大いなる誇りになりました。

秋吉敏子

さて続いては八十八歳の現役ミュージシャン、秋吉敏子さんについてお話したいと思います。国際的に活躍する日本人プレーヤーのパイオニアであり、ジャズジャイアンツと呼ぶことに誰も異論はないと思います。旧満州に生まれ、日本に引き揚げた後、進駐軍のクラブで演奏し始めたのが一九四七年。今もピアノを弾いているということは、楽歴七十年ということになるわけです。その世界を股にかけた華々しい活躍は、五三年、ＪＡＴＰ（ジャズ・アット・ザ・フィルハーモニック）の興行で来日していたオスカー・ピーターソンに見いだされたことに始まりました。彼女の類いまれな才能を見て、ＪＡＴＰを率いていたプロデューサー、ノーマン・グランツがすぐに録音を決めたんですね。

超一流の外国人ミュージシャンと共演するという破格のデビュー。アメリカのレーベルに吹き込んだ最初の日本人ジャズミュージシャンを肩書きに、五六年、彼女はバークリー音楽院に日本人初の奨学生として留学することになります。バークリーでピアノと作曲・編曲を学ぶ傍ら、これまた日本人として初めて五六、五七年と連続してニューポート・ジャズ・フェスティバルの舞台を踏んだ。そこで、本場の聴衆たちにも絶賛され一躍注目を浴びました。

彼女に会ったのは六八年、最初のアメリカ取材の時でした。グリニッジビレッジにあるライブスポット「トップ・オブ・ザ・ゲート」だったと思いますが、彼女が演奏しているところを訪ねました。なぜ会いに行ったかというと、ジャズ雑誌の編集長としては、当然、日本人のジャズミュージシャンの動静を知りたいということがあったんです。ネットで情報が瞬時に伝わる今とちがい、当時は、海外の状況は現地にいる記者に書いてもらわないと分かりませんでした。編集長になったからには、自分の目で現場を確認したかったんですね。そうなると、やはり一番の目標は秋吉さんになるわけです。もちろん当時としても、日本のジャズ関係者がニューヨークに行けば、やはり彼女に敬意を払って挨拶をするのが当然であったと思います。

このとき、秋吉さんには滞在していたホテルに来ていただいて、当時、ニューヨーク在住だった日本人のジャズ仲間とともに「ニューヨークとジャズ」をテーマにした座談会を企画しました。秋吉さんが話されたことで強く印象に残っている話があります。

「ニューヨークには才能のあるミュージシャンが集まってくる。それだけに厳しい世界です。どこかへ行って、一緒に演奏しないかと言われた場合、わたしなんか自意識過剰で初めのうちは遠慮がちだった。でも、そういう日本人特有の謙遜を捨てて、積極的に演奏しないと駄目だった。どんどん一緒にプレイすることが、ニューヨークの厳しさに打ち勝つことにつながるからです。ただ、そのために自分を見失わないように心がけることも非常に大切だった」という言葉でした。

七〇年の夏の渡米取材では、秋吉さんを自宅の前に誘い出して写真に撮って、九月号のスイングジャーナルの表紙にさせてもらったのを覚えています。企画としては、若手演奏家を表紙に抜擢して売り出すような意図ではなく、尊敬する人に雑誌の表紙になってもらうという純粋なアプローチだったと思います。功績や実力を考えれば表紙を飾るのは当然なことなのですが、後にこの時のことを、秋吉さんが「自分にとっては、表紙にしてもらったことがとても嬉しかった」と話されたんですね。わたしとしては、そんなことなど思いもしなかった。念願の表紙にさせてもらっただけで満足だったんですね。何しろ、わたしは彼女の渡米前に、大阪・ミナミのジャズ喫茶で行われた渡米記念公演を聞きに行っているほど尊敬するアーティストでしたから。

しかし、秋吉さんが非常に喜んでくれたということは、その時、彼女が置かれていた状況を反映しているとも言えるんですね。彼女は、六〇年代は一時、チャールス・ミンガスとの共演などで成果を上げたものの、実力を発揮できない環境にあったんです。アルトサックス奏者のチャーリー・マリアーノとの夫婦コンボで日本に凱旋したのですが、流行に左右される日本の市場では思うような商業的な成功を収められなかった。また、その後はチャーリーとの離婚を経験し、公私ともに低迷期にあったんです。とはいえ、六九年にテナーサックス奏者のルー・タバキンと再婚してからは、彼とのカルテットで大阪万国博のジャズ祭へ出演するなど、巻き返し始めていた。あの時、スイングジャーナルの表紙を飾ったことは、再び活動の場を広げようとしていたタイミングにリンクし、彼女を勇気づけることになったということなんですね。そんな経緯から秋吉さんとの距離がぐっと近くなり、さらに密接な交流をするようになりました。

ほかにも、秋吉さんのグリニッジビレッジのアパートで、スイングジャーナル恒例企画の現地座談会を開いたりもしました。彼女に、タバキンや万国博でも来日したドラムスのミッキー・ロッカーなどのミュージシャンを集めてもらい、ジャズ界の現況について語り合ったんですね。その時も、秋吉さんは、場所の提供から写真撮影などを含め、すべて快く引き受けてくれました。

それからほどなくして、秋吉さんとタバキンは活動拠点を西海岸に置くことになりました。当時、タバキンがビッグバンドに所属していたのですが、彼らが出演していたテレビ番組の母体がニューヨークからロサンゼルスに移ったためだったんです。そんなわけで、七二年の夏は、例年通りにニューヨークにいたので、わたしも秋吉さんの引っ越しをお手伝いしたんですね。それから半年後の七三年二月には、以前お話したように、わたしはアメリカ商務省主催のジャズツアーに招待された。その最初の訪問地がロサンゼルスで、タイミングよくトシコ＝タバキン・カルテットの公演を聞くことができました。

これが、新天地で再出発した秋吉さんの意気込みが伝わってくるような素晴らしい演奏だったんです。「A列車で行こう」や「身も心も」などのスタンダードや、秋吉さんの自作「ザ・ビレッジ」など、新たに出会ったメンバーとの息もピタリと合っていた。移住してまだ半年にも関わらず、厳しいリハーサルによってのみ獲得できるような見事なコンビネーションを聴かせてくれました。終演後、再会を祝しつつ話していると、秋吉さんが「このカルテットとは別に大編成のリハーサルバンドも作っていて、機会があるたびに演奏しているんです」と明かされたんですね。この時すでに、彼女はタバキンの協力を得てビッグバンドを結成し、念願のジャズオーケストラの作曲に取り組んでいたということだったんです。秋吉さんの西海岸に移っての新たな試みは、新生のカルテットだけではなく、大所帯のビッグバンドにも向かっていたわけです。

そして、秋吉さん自らがリーダーとなりビッグバンドを率いて録音したのが、翌七四年に発表した『孤軍』です。バンド名義は、秋吉敏子＝ルー・タバキン・ビッグバンド。彼女は、収録した五曲すべての作曲・編曲を担当しました。この作品は、まさに秋吉さんの音楽人生にとって起死回生の一作になり、作り上げた内容自体も、歴史的な価値のある、他に類のない創造的な仕事になったんです。邦題は『孤軍』で、英語の題名も『KOGUN』。

実はこのタイトル、スタジオ入りする直前に大きく報じられたニュースに影響を受けて付けられたんです。それは何かというと、フィリピンのルバング島から

秋吉敏子『孤軍』RCA Victor

小野田寛郎少尉が日本に帰還したことでした。少尉は一九四四年の十二月から派遣され、任務解除の命令を受けられないまま、三十年間もフィリピンの奥地でひとり戦闘を続けていた。このセンセーショナルなニュースが七四年の三月、世界中を駆け巡ったんですね。戦後の繁栄期にあって、先の時代を忘却していた日本人にとって、この事件は我が身を振り返るような驚くべきニュースだったんです。

アメリカにいた秋吉さんがこのニュースをどう受け取っていたのかというと、やはり大きな衝撃を受けたわけです。小野田少尉の孤独な戦いに思いを馳せ、その精神に感銘していた。ここで、彼女が一般の日本人とちがっていたのは、小野田少尉の三十年に自らの音楽人生をオーバーラップさせていたことなんですね。彼女は、たったひとりでゲリラ戦を行なっていた小野田さんに、日本の精神、日本人としての生きざまが究極に体現されているのを発見した。その姿に、いわばアメリカのジャズ界というジャングルでひとり戦ってきた日本人である自分自身を照らし合わせたんですね。そこには、もちろん五〇年代の半ばから孤軍奮闘してきたという積年の思いも大きかったと思いますが、その活動を近くで見てきたわたしとしては、七〇年代前半に彼女が置かれていた厳しい状況が色濃く反映されたものだったと想像できます。

やはりニューヨークを引き上げてまるごと生活拠点をロサンゼルスに移したことは、わたしたちが考える以上に彼女にとっては大きな変化だったと思うんです。秋吉さんといえども、ルー・タバキンが所属していたビッグバンドの収入が大きかったんですね。スタジオミュージシャンとしての固定給が約束されていますから、定期の決まった収入がない芸術家にとってはありがたい仕事なわけです。そのバンドがロサンゼルスに移るのなら、彼女もついて行くしかない。でも、タバキンの安定した収入に甘んじず、秋吉さんは移住先でも新たな挑戦を始めた。それが、ジャズオーケストラの作曲と、リハーサルバンドだったわけです。結局は、その活動が息を吹き返すことのきっかけになった。

わたしも、バンドが誕生して間もない頃のリハーサルや、『孤軍』をリリースする直前にも呼ばれて聞きに行きました。そうして、持てる限りの力を込めて作った曲を、一年という時間をかけ練習を重ねていることが分かったわけです。秋吉さんは、この作品のライナーノーツをわたしに依頼してくれたんですね。この時わたしは、秋吉さんの数年間の歩みを、「どうにもならないニューヨークから西海岸に赴き、そこで意欲もあらたに第二の人生を踏み出そうと決意した」というように、ライナーノーツには似つかわしくない表現を使って書いたんです。これは、自分が見たままのことでした。秋吉さんは、ジャズ界の厳しさを言葉にする人間ではないんです。そういう話は一切せず、すべて作品に昇華して、自分の外に出していくんですね。

ともあれ、彼女の人生に希望を見いだすべく録音した『孤軍』は、日本国内ではスイングジャーナルの一九七四年度ジャズディスク大賞の銀賞に輝いたほか、米国内でも高く評価されることとなりました。ジャズの本場アメリカで評価を得たことは、秋吉さんのこの作品におけるテーマの先取性や、それを音楽表現として発揮できる充分な実力が備わっていることの証明になったわけです。背景には、彼女を評価する人たちが数多く現れてきたこともあります。もっとも高く評価したのは、レナード・フェザーというロサンゼルス・タイムズのジャズコラムを担当していた評論家でした。後年、ホワイトハウスのジャズフェスティバルでわたしと同席しましたが、彼は以前より、秋吉さんの演奏家だけではなく作曲家としての才能を認めていたひとりだったんです。

彼は西海岸に住んでいたので、秋吉さんが移住してくるとすぐに聞きに行き、その素晴らしさをいち早く紙面で発表していたんですね。その影響力は絶大で、聴衆はもちろん批評家やミュージシャン本人にも届くものだったんです。秋吉さん自身、その後押しもあり、ビッグバンドをやり続ける勇気をもらったんですね。過去には作曲家でもあったレナードだからこそ、音楽的に内容が充実しているものを、より正当に評価ができた。「正当に評価してサポートする」という、この時の彼の仕事は、わたしが目指すところのジャズ・ジャーナリスト、批評家の本来の姿であると思っているんです。

このレコードの成功には、レナードのような影響力のある人物がサポートしたと同時に、秋吉さんとタバキンの人間性や人柄といった部分も不可欠だったように思います。タバキンが集めた地元のミュージシャンたちは、ギャラが発生する通常の仕事とは別に、リハーサルバンドとしての活動を楽しみにしていたんですね。秋吉さんやタバキンが一から立ち上げたバンドに集まってきた彼らは、ギャラのあるなしに関わらず、純粋に音楽を創造する喜びに賛同して集まった人ばかりだったんです。しかし、彼らが腕の立つミュージシャンであればあるほど、その演奏意欲を満たすことが困難になってくるわけです。でも、秋吉さんは彼らの想像をはるかに超えるチャレンジングな曲を書いてきたわけなんですね。能をテーマに、日本の楽器や旋律を使ったりするような演奏は、彼らアメリカ人にとってはまったく新しい体験だった。プロであるがゆえ、現場で譜面を見れば、今までやってきた音楽と一線を画すものだと分かるわけです。だから、秋吉さんが目指す課題を越えようと、彼らも一緒になってその音を作っていくことになった。秋吉さんとミュージシャンたちが切磋琢磨していくという状況があって、一時代を画すジャズのビッグバンドができ上がっていったわけです。

とはいえ、秋吉さんの自主的な運営だったため、やはりバンドの資金面については、大変だったと思います。大手のエージェントの管理下にあるわけではないので、黙っていても演奏の仕事が入ってくる環境にはない。基本的には秋吉さんが創作、タバキンがミュージシャンたちを束ねる役割を担っていた。ブッキングに関することもすべて自分たちでやっていました。サンフランシスコやサンタモニカといった、ロサンゼルスから車で移動できるようなところなら、秋吉さんがメンバーの譜面台など大量の荷物を積んで自走している状態でした。時折、わたしも助手席に乗せてもらいながら、その姿を見ていたわけです。だから、彼女のビッグバンドが評価されればされるほど、自分のことのように嬉しかったことを覚えています。

ビッグバンドという大きな挑戦となる表現母体を獲得して、秋吉さんはその後も日本人である自分自身のアイデンティティを問うビッグバンド作品を精力的に

秋吉敏子『ロング・イエロー・ロード』RCA Victor

発表していきました。『孤軍』に続いて七五年には『ロング・イエロー・ロード』を発表。七六年には、水銀汚染による水俣病災害を取り上げた組曲「ミナマタ」を収録した『インサイツ』をリリース。ジャズという音楽言語を使って、彼女流に社会に一石を投じています。この『インサイツ』を機に、秋吉敏子の米ジャズ界での評価が一気に高まったことも忘れられません。アルバムの評価としては、日本では七六年度のジャズディスク大賞金賞に輝き、アメリカでも権威あるダウンビート誌の国際批評家投票で七八年度「年間最優秀アルバム」第一位に選出されました。秋吉敏子が率いるビッグバンドと彼女の作曲、編曲に対する評価はこれを機に飛躍的に高まり、七九年度から八三年度まで同投票の「ビッグバンド」部門で連続第一位、また八二年度は「作曲」、「編曲」部門でも一位となり、三部門を制覇するという歴史的快挙を達成したのです。

秋吉さんのビッグバンドによる初期の作品で忘れがたい曲が「孤軍」とすれば、その後期にもわたしの心に残っている曲があります。九八年に発表された『モノポリー・ゲーム』というアルバムの中にある「グラス・シーリング」という一曲です。秋吉さんは八二年、世界的評価を得てきたビッグバンドを一旦解散し、活

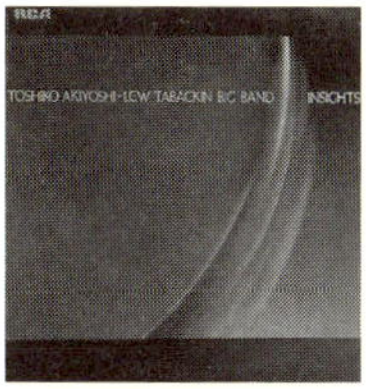

秋吉敏子『インサイツ』RCA Victor

動拠点を再びニューヨークに移しました。そこで新たにトシコ・アキヨシ・ジャズ・オーケストラ・フィーチャリング・ルー・タバキンを立ち上げたんですね。『モノポリー・ゲーム』は、そのメンバーたちと録音したレコードです。ちなみに、このアルバムの一曲目が「ジャズ・クラブ」で、これはジャズ・トゥナイトの前身のラジオ番組『ジャズ・クラブ』のオープニングのために書き下ろしてもらったテーマのフルバージョンが入っています。

アルバム二曲目が、その「グラス・シーリング」。Glass Ceilingは、日本語に訳すとガラスの天井です。この曲について、秋吉さんから「アメリカに住んでいる東洋系アメリカ人の間で近年になって使われ出した言葉で、シリコンバレーなどで働く東洋系アメリカ人はどんなに優秀でも一流企業ではある程度の地位にはつけてもそれより上には決して昇級できない、ということを比喩した」と説明されました。長らくアメリカでジャズと取り組んできた彼女自身にも、この「ガラスの天井」の存在が重くのしかかっていたに違いありません。

この曲を聞くと、いつも秋吉さんがタイトルに託したことに思いを馳せてしまうんですね。秋吉さんはビッグバンドを結成して以来、七六年度をスタートに、九四年までの合計十四回、グラミー賞にノミネートされています。年によっては、

秋吉敏子『モノポリー・ゲーム』BMG

ビッグバンド部門に加えて、編曲部門など二部門でノミネートされている。それにも関わらず、グラミー賞を一度も受賞していないんです。年月にしてみると十八年もの間、ほぼ毎年のようにノミネートされているわけなんですね。二、三度で受賞に至らないわけではなく、彼女の場合は十四回。もし、秋吉さんがアメリカ人だと考えたら、おそらく受賞していると思うんですね。彼女がこの曲を作ったことは、現実にガラスの天井に直面した自身の思いを投影したかったわけです。九八年という、長い演奏を経た後に発表された作品だということも、その重みを感じさせます。渡米して四十年、もう一度自分の歩みを振り返り、なぜガラスの天井を突き破れなかったのかという疑問から発した。しかし、最終的にはアメリカで日本人として戦ってきた自分自身を、どこか肯定したいという気持ちももったのかもしれません。この曲はいわば形を変えた「孤軍」でもあるという意味で、わたしにとっても忘れられない作品なんです。

前にお話したように、わたしもキーノートのコンプリート・コレクションとクリフォード・ブラウンの発掘音源でグラミー賞「ベスト・ヒストリカル・アルバム部門」にノミネートされたものの、二度落選した経験がありました。友人であり、ライバルでもあったボブ・ポーターに「君の方が受賞するのが当然だった」

と言われたわけです。わたしのノミネートは、秋吉さんほどの比ではありませんが、彼女の思いが理解できるように思うんです。性別に関わらず、日本人がアメリカ文化を理解して、どんなに成果をあげたとしても、グラミー賞の受賞に至ることができない。理解しがたいことですが、やはりガラスの天井というものはあったということなんですね。

しかし、秋吉さんという人間の凄みは、自分に降りかかる不遇を物ともせず、豪快で華麗なビッグバンドジャズを作り上げるという気力に表れていると思うんです。そこには、名誉や評価という外から与えられるものに期待せず、自らの行動によって未来を切り開いていく強靭な精神力がある。彼女自身が、「作品の人気は、キャラメルについてくるおまけのようなもの」と語っているわけで、その不運を笑い飛ばしているわけです。「孤軍」や「グラス・シーリング」というストレートなそのタイトルに、やはり、怒りというものを創作のエネルギーに代えてしまう秋吉さんという人間の強さが滲み出ているように思えるんです。

グラミー賞には手が届きませんでしたが、彼女は九九年には、「国際ジャズ名声の殿堂（International Jazz Hall Of Fame）」入りし、二〇〇七年には、米ジャズ界で最高の名誉とされる全米芸術基金の「ジャズマスター賞」を受賞しています。こうしてみると、秋吉さんには名誉も与えられているわけなんです。九一年には、音楽生活四十五年、アメリカ滞在三十五周年記念のコンサートをカーネギーホールで開きました。わたしも秋吉さんに指名され、司会を務めたんですね。ピアニストのビリー・テイラーが英語で、わたしが日本語で進行したんです。秋吉さんの苦難と思える人生も、やはり祝福の瞬間も数多くあったわけです。

秋吉さんの渡米から、すでに六十年が過ぎました。その第一歩は、ボストンのバークリー音楽院に日本人初の奨学生として入学することからスタートしました。まだ、外国人の留学が珍しかった時代です。その後、彼女は渡辺貞夫などの後進をバークリーに送るべく力を尽くしたんです。しかし、時を経た現在、バークリーには留学することが当たり前のように世界中から演奏家が押し寄せているんですね。イスラエル、オーストラリア、韓国、そして日本……実に多種多様です。でも、今も昔も変わらないのが、バークリーを卒業する頃には、若者たちは必ず自分のルーツに目覚めるということなんです。その動きに比例するように、今のジャズ界を見渡せば、世界の民族色やナショナリティーが前面に押し出されるような時代になっています。ミュージシャンのルーツが多様であれば、ジャズという音楽自体も多様性を増していくわけです。

そういう側面から考えると、秋吉さんは誰よりも早く演奏家個人のルーツを打ち出した音楽家だったと思えるんですね。彼女は、日本人というアイデンティティをジャズに投影させた先駆者だったんです。「孤軍」では、日本の旋律を盛り込み、能で使う鼓を取り入れ、フルートを尺八のように聞かせて、日本文化をアメリカのジャズに投影させようとした。反対に言えば、アメリカという巨大な国に対峙するために、彼女は日本というルーツを活かして渡り合ったともいえます。演奏者に終わらず、作曲活動を始めたのは、その方が自分のルーツを投影しやすかったからかもしれません。これは言うまでもないことですが、秋吉さんが作ったジャズ界においての日本人の進むべき道は、芸術的な高い境地で具現化できたからこそ、音楽的な評価も受けたわけです。

彼女は、デューク・エリントンをもっとも尊敬するミュージシャンに挙げています。エリントンは、黒人という自身のルーツをジャズに投影させました。秋吉さんは、彼を見本にしながら、六十年以上にわたりアメリカのジャズ界に生き続けてきたんです。九九年には、エリントンの生誕百年を記念し、モンタレー・ジャズ・フェスティバルから新作の作曲依頼を受けました。アメリカ人ではなく、日本人の彼女が選ばれたんですね。これは、秋吉さんが国際的なトップアーティストであるということの証です。わたしは、バークリーを卒業したばかりの人たちに、分からないことがあれば、秋吉さんの門を叩きなさいと伝えています。秋吉さんがエリントンを目指していたように、今の若い人には彼女がそのモデルになると思うからなんですね。

ヘレン・メリル

さてジャズジャイアンツ、お次はヘレン・メリルに登場願いたいと思います。彼女は生粋のニューヨーカーですが、一時期日本に住んでいたこともあって、皆さんにも馴染みの深いアーティストだと思います。わたしにとっても、ニューヨークに行けば、しょっちゅう連絡を取ってお互いの近況を話し合ったり、取材せずに食事をしたり、もう彼女とは親友と呼んでいいほどの間柄なんですね。ヘレンとはそんな自然な付き合いから、八〇年代の終わりにレコードを三枚作りました。でも、彼女に限っては通常の歌い手と裏方という役割を超えたプロダクションになることも多かったんです。特に、以前お話したギル・エヴァンスとの共演盤などは、プロデューサーとして彼女がわたしと連名でクレジットされているほど、二人三脚でやり切った企画でした。遅々として進まなかったレコーディングは、正直に言うと、彼女と一緒だったから乗り超えられたのかもしれないと思うんです。彼女とは通常のレコード作りなら苦労しないような経験を経たことで、その絆が強く感じられるのかもしれません。

彼女と作ったレコードは、八七年の夏に行ったギルとの録音が最初でした。すでにお話したようにギルのビッグバンドをニューヨークのスタジオに集めてレコーディングしたんですね。続く二作目が、八九年のロン・カーターとのデュエットでその名も『デュエッツ』。これは大編成の前作と打って変わって、ヴォーカルとベースだけのシンプルな編成にしました。録音は、ニュージャージーのルディ・ヴァン・ゲルダーに依頼しました。三枚目のレコードは、スタン・ゲッツとのセッション『ジャスト・フレンズ』。これも八九年、ピアノ、ベース、ドラムのサポートメンバーをパリのスタジオに集めて録音しました。並べてみると、三年弱という短期間でしたが、いずれも超一流のミュージシャンたちの力を借りて、ヘレンのヴォーカルの新境地を演出することができたかなと思います。

実はこの三つの録音には共通点があるんです。それは、どれもスタジオで「生録」をしているということなんですね。ヴォーカルも楽器パートも、一斉に用意ドン！ で同時録音されたものなんです。ギルが録音の翌日にスティーブ・レイ

ヘレン・メリル『デュエッツ』EmArcy

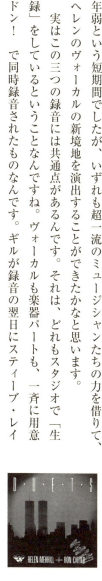

シーのサックスを加えた「サマータイム」のような例外はありますが、基本的にはライブ録音です。ということで、アフレコは一切なし。これはヘレンたっての希望なんです。自分は生でなければ歌わないと言ったんですね。アフレコは絶対に嫌だというのがその主張でした。ですから、企画段階から「生録」と決めてレコーディングに臨んだわけです。彼女にしてみれば、いつもステージで歌っているのと同じ状態でレコーディングをしたいということだったんです。

ジャズでもポピュラー音楽でも、バックのカラオケを先に録って、後でその上に歌をかぶせるのが基本です。だから、ヴォーカルのパートは何テイクも録り直せる利点があるんですね。でも彼女は、バンドが事前に録音したものに合わせて声を出していくのは、自分のパフォーマンスではないと考えているわけです。この点において、彼女はアドリブを重視する根っからのジャズミュージシャンだと言えるんですね。彼女にしてみると、楽器が一斉に出す音をその場で受け止めないと、自分が培ってきたジャズのフィーリングが出せないということなんです。「生録」は、ヘレンのわがままでも何でもなく、彼女が音楽をやっていく上での欠かすことのできない姿勢なのだと思います。

そういう意味では、スタン・ゲッツとの録音は、「生録」の感覚に沿った見事

ヘレン・メリル『ジャスト・フレンズ』EmArcy

なセッションになりました。何しろ驚いたのは、ヘレンもゲッツもスタジオで軽く顔合わせをしたら、すぐにレコーディングに入ったんですね。スタジオに入って、打ち合わせをして、リハーサルして、それでやっと録音に入る……という過程をまったく踏まなかった。だから録音した九曲は、ほとんどテイク1で終わっています。ふたりの息が合わず、テイクを重ねて苦労したという曲が一曲もなかった。わたしもそんな現場を経験したことがなかったんですが、この異例の進行は、ヘレンというよりも、むしろスタン・ゲッツの影響なのだと思います。彼ほどの芸達者になると、何の準備もなしにこちらが想像している以上の演奏ができるんですね。ヘレンも「生録」にこだわるミュージシャンなら、彼女以上と言っていいくらい、ゲッツもそこにこだわるミュージシャンだったわけです。言わずもがな、「一発に賭けるキング」といった堂々たる印象でした。

また、彼が奏でるサックスの音自体にも驚かされました。サウンドチェック中、ゲッツがケースからサックスを取り出して、ウォームアップし始めたんですね。最初の音が出てきた瞬間、その音の魅力的な響きにぶったまげたわけです。それから改めて、スタジオに入って、目の前三十センチくらいのところでまた聞きましたが、「あぁ、これがゲッツの音なんだ」と一発で分かる素晴らしい音だったんです。言葉で説明するのが難しいのですが、彼のサックスには「温度」があると感じました。音なのに温度がある。とにかく温かい音だという印象を持ったんですね。過去にもアルバート・アイラーのサックスを生で聞いて、それが金色に見えたと感じたことがあったのですが、ゲッツの場合は温度だったんです。それまでは、ゲッツのサックスは、当然ながらレコードの音を聞いていたか、シカゴのクラブ「ロンドン・ハウス」でＰＡを通して音を聞いていた。でもこの時、至近距離で生音を初めて聞き、そのぬくもりのある音に降参してしまったんです。サックスの音ひとつで、ゲッツの偉大さを感じた次第です。

話が逸れましたが、完成された音を一発で出してくるゲッツですから、何度も録り直す雰囲気にはならないんですよね。プロデュースをする立場ですが、長年ジャズ界で活躍したビッグネームで、テナーの王様とまで呼ばれている彼に、「もう一回」と気安く言えるものではない。ヘレンでさえ、リテイクを伝えづらかったほどでした。ましてや、わたしのような無名のプロデューサーならなおさらです。実は日本にいる時から、ゲッツに引っ張られているところがあって、「ヘレンのアルバムを作るのはオーケーだけど、とにかくその時期、俺はパリにいるからこっちに来てくれ」という調子で、一も二もなくフランス録音が決まったという経緯があったんです。ならば、と急いで現地で活躍していたドラマーのダニエル・ユメールに連絡して、スケジュールを押さえたりしたほどでした。そんな言動からも分かるように、ゲッツという人物は、どこか超然的なところがあるんですね。自分ひとりだけ次元がちがう世界に住んでいる……そんな雰囲気を醸し出しているので、どうも真意を捉えにくい。スイングジャーナルで取材をした時も、こちらの質問に答えてくれないことがあったほどでしたから。

とにかく、あのパリのスタジオには、ゲッツの性格から来る独特の空気と同時録音の緊張感があったんですね。そんなさまざまな要素が張りつめる中、ヘレンは一発勝負のセッションに力を込めてくれました。やはり、そこは彼女も百戦錬磨、相手を見極めながら、自分ができるパフォーマンスの限界に挑戦していた。そんな姿を見て、ヘレンがこれまでの歌手人生で、わたしが考える以上の経験を重ねてきているのを実感したんですね。

ヘレンといえば、あの「ユード・ビー・ソー・ナイス・トゥ・カム・ホーム・トゥ」を思い浮かべる方が多いと思います。ご存知のようにコール・ポーター作詞・作曲のスタンダードナンバーで、わたしの若き頃の愛聴盤であるアート・ペッパーの『ミーツ・ザ・リズム・セクション』でも演奏され、オープニングを飾っています。数多くのミュージシャンが取り上げた曲にも関わらず、このタイトルを聞けば、やはり彼女のバージョンが頭に浮かぶのはわたしだけではないと思うんですね。少しハスキーで哀愁を帯びたあの声が、ジャズファンの心を掴む。しかしこの曲は、そんなヘレンの歌声に加えて、共演したクリフォード・ブラウンの存在を抜きにして語るのが難しいと思うんです。

ヘレンは、十五歳から歌の仕事を始めています。ブルックリンのThe 845 Clubというクラブでマイルス・デイヴィスやバド・パウエルの胸を借りながら、ジャズシンガーとしての資質を育んでいったんですね。十八歳で結婚し、一時は仕事から遠ざかっていたのですが、一九五四年十二月にクリフォードと共演した『ヘレン・メリル・ウィズ・クリフォード・ブラウン』で満を持してデビューしました。もちろん「ユード・ビー・ソー・ナイス・トゥ・カム・ホーム・トゥ」も入っているこのレコードですが、吹き込み時はヘレンもクリフォードも互いに二十四歳という若さだったんですね。しかし、クリフォードが、五六年六月に残念ながら自動車事故で夭折するわけです。早世したクリフォードの吹き込みという意味においても、ヘレンのデビューアルバムは歴史的名盤と言えるわけです。

『ヘレン・メリル・ウィズ・クリフォード・ブラウン』EmArcy

ギル・エヴァンス、ロン・カーターとレコーディングした後、次はヘレンのこのデビュー作に匹敵するような作品が作れないかと考えていました。ヘレンのハスキーヴォイスにぴたりと息の合うミュージシャンがいないかと考えていた時、ゲッツに行き当たったわけなんです。彼はサックスでしたが、上手く嚙み合うと感じた。このふたりを共演させたら、どんな音を出してくれるのだろう……それが、ゲッツとレコーディングをしようと思った最初でした。

これまでゲッツとの録音について多く語ってきましたが、三枚の中では、やはりギルとの共演が一番深く記憶に刻まれています。以前にもお話しましたが、じゃあお前はプロデューサーとして何を作ったのか？　と問われれば、真っ先にギルとの『コラボレーション』を挙げるんですね。その一番の理由は、ヘレンがギル・エヴァンスと、再度共演を果たすことができたというヒストリカルな意味においてて価値があるからなんですね。彼女は、エマーシーからデビューしてまもなくギルのビッグバンドで吹き込んでいたんです。彼女にとっても、それから三十年以上の時を経て、再びギルと再会できるという喜びは大きかったわけです。そういった自分自身の歴史を背中に感じながら、ヘレンはこの作品をプロデュースしました。やはりこの時、わたしがヘレンにもっとも感心したのは、ギルが集めたオーケストラをバックに生で歌ったことなんです。

もう一度、「生録」の話に戻りますが、通常はオーケストラの録音は大所帯ではあるし、先にオケだけ録って、後から落ち着いてヴォーカルを録るわけです。先にオケを録音してしまえば、彼らを早く帰らせることもできるわけで、制作面でも都合がいい。でも、ヘレンはプロデューサーも兼ねているにも関わらず、アフレコに首を縦にふらなかったわけなんです。それは、彼女が、アフレコではなくオーケストラを前に生で歌いきった時には、それが自分でも思いもつかないほどの素晴らしい成果を上げると考えていることの裏返しなんですね。

ギルという大御所とそのオケに生で挑戦できるのなら、もちろんやりたい。その上で最高のパフォーマンスをしたい。ヘレンには、そんなジャズメンの性分、芸術家の魂のようなものがあるんですね。ギルも、ミュージシャンがスタンバイできているのに譜面を手直しし、またレコーディングの後日、新たなパートを加えるほど自分の創作に頑固でした。でも、ヘレンもギルに勝るとも劣らない芸術家だったんです。やはり、アーティストはその都度、自分で妥協できないポイントを設定し、それをクリアしていくことで、先に進んでいける人物たちだと思うんです。世間で通常行われている方法に満足がいかなければ、自分はこうだと主張して、新しい道を作っていくわけです。この時、「生録」でギルと渡りあったヘレンが、そんな芸術家像を見せてくれたように思うんですね。

彼女とはまだ一緒にレコードを作りたかったというのが今の思いです。というのも、九〇年代に入って、わたしがもう一度スイングジャーナルに復帰することになり、残念ながらレコーディングから一旦手を引きました。でも、彼女とはもちろん今でも交流が続いていて、わたしがラジオ番組に復帰する時に華を添えてもらいました。二〇〇七年に毎週二時間のラジオ番組「ジャズ・トゥナイト」が始まり、その第一回目の時にゲストで来てもらったんです。日本で公演の予定があったので、それで声をかけたんですね。通常の番組のようにCDやLPの音源だけを流しているのとちがって、かなりのインパクトがあったんだと思います。この時は、リスナーのみなさんから「あのヘレン・メリルがゲスト!」というように、大きな反響をいただいたわけなんです。やはり、彼女はもう歴史的な人物ですし、多くのファンがいるわけですからゲストに迎えるには最高の人選だったかもしれません。

ジョン・ルイス

次は、ジョン・ルイスのことをお話しようと思います。彼といえば、MJQ＝モダン・ジャズ・カルテットのピアニストで、「ジャンゴ」をはじめ数々の名曲を生み出した作曲家として知られた存在です。ディジー・ガレスピーのビッグバンドに在籍していた彼とヴァイブ奏者のミルト・ジャクソンが中心になってこのバンドを結成したのが一九五二年。しばらくしてドラムスがケニー・クラークからコニー・ケイに代わりますが、ベーシストのパーシー・ヒースを含めた不動のメンバーで七四年の解散まで実に二十年以上に渡って活動していました。八一年に再結成した後も十年以上もの間、ジャズグループとしては最長といわれるほど息の長い活動を続けたバンドです。そんな、名門カルテットを実質的にまとめていたのがルイスでした。スイングジャーナル時代、MJQを取材する時にグループを引っ張る存在の彼がインタビューに対応してくれることが多く、自然と親しくなった印象です。しかし強く印象に残っているのは、ジャーナリストとして付き合っていた時期よりも、一緒にレコードを作った八〇年代です。何しろ『バッハ：プレリュードとフーガ』というレコーディングが八三年から八九年にかけてという異例の長期に及んだことで、彼との距離がぐっと近づいたんですね。

以前にも触れましたが、日本フォノグラムに入りレコード制作を開始したのが七九年。最初の二年は、フラメンコギタリストのパコ・デ・ルシアらと作った『カストロ・マリン』や、日本人の演奏家の作品をNEXT WAVEレーベルで発表していたわけです。その後、退社してフリーの身になったのですが、やはりレコード作りを仕事として続けていくしかないわけで、伊藤社長にお願いしてレコードの企画を立てるようになったんですね。

ジョン・ルイスとの長きに渡った吹き込みは、バロック時代を代表するヨハン・セバスティアン・バッハの音楽に取り組んだ作品です。この企画は、そもそも会社のクラシック部門の責任者と、ジャズとクラシックを融合するような内容のレコードに挑戦できないかと話していたことがきっかけでした。日本フォノグラムは、オランダのフィリップスというクラシック音楽がメインの会社の傘下な

ジョン・ルイス『バッハ：プレリュードとフーガ』vol. 1〜vol. 4
Philips

ので、クラシックを扱ってジャズの枠を拡げられるような路線を開拓するのも面白いと考えていたんです。というのも、五〇年代の古い録音なのですが、ジャック・ルーシェというフランス人のジャズピアニストがクラシックに取り組んで『プレイ・バッハ』というアルバムを大ヒットさせたことがあったんですね。その実績は一時レコード界ではよく知られていましたが、当時は忘れ去られた状況にありました。それをもう一度、盛り返して波を起こすチャンスもあるのではないかということで、伊藤社長に企画を相談すると、オーケーサインが出たんです。

フィリップス・レーベル新路線の第一弾として、まずは『カストロ・マリン』にも参加したラリー・コリエルにクラシック音楽に取り組んでもらったんですね。まだわたしの中ではクラシックを実際にどう扱っていいのか迷うところがあったので、レコーディングについてはプロ中のプロといえるテオ・マセロにお願いしました。作曲・編曲の経験もあり、CBSコロンビアでマイルス・デイヴィスをはじめ、あらゆる録音をこなしてきたスーパープロデューサーですから適任だと思ったんです。それで、ラリー・コリエルには半年をかけて勉強してもらい、ギター一本でクラシックのアルバムを作りました。八二年二月のニューヨークでの録音にはわたしも立ち会い、ジャズミュージシャンがクラシックを扱うことの難しさを実感しながらも、新しい試みに胸を踊らせたんですね。それを『シェエラザード』というタイトルで国内発売し、かなりの好成績を上げたんです。

そのヒットに続けということで、次の候補に伊藤社長からジョン・ルイスの名が出たんです。ジャズの演奏家がクラシックに取り組むという意味では、MJQが七四年に『ブルース・オン・バッハ』というアルバムを作っていたんですね。ならば、バンドの音楽ディレクター的な存在であるルイスに、バッハの平均律クラヴィーア曲集をやってもらったらどうかと考えたわけです。それはいいアイデアだと全員一致し、わたしが八三年の夏にニューヨークでルイスに実際に会って打診しました。そうしたら、彼は考えさせて欲しい、と一度話を持ち帰ったんですね。それから半年経って、ルイスの方からやってもいいと返事がきました。やはり彼は冷静な性格ですから、自分の中でバッハを扱うことの心づもりと技術的な準備ができるまで、かなり時間がかかったようなんですね。すぐにレコーディングに取り掛かかろうとしたのですが、ルイスがまずは作品に取り組むにあたって自分の考えていることを聞いて欲しいと言ってきました。

「自分はジャズというものをベースに演奏してきた音楽家だけど、今回はバッハという偉大な音楽家のクラシック作品に取り組むわけだ。ミスターコヤマ、そ

MJQ『ブルース・オン・バッハ』Atlantic

こは分かるよな。でも、自分はバッハのプレリュードやフーガを演奏するにあたって、ここまでがバッハの音楽で、ここまでが自分の音楽だということを、はっきり分からせたくないんだよ」と、言うわけなんです。要するに、レコードを聞いてくれる人に、バッハが作った音楽と自分が作った音楽、その範囲を区別することなく、両者が渾然一体となった音楽を作り上げたいということだったんですね。最初は、なぜそんなことを考えたのか理解に苦しんだのですが、彼の頭の中には、ひとつの曲を譜面通りに演奏するようなパートと、インプロビゼーションに移るようなパートを滑らかにつなげて、元々このひとつの曲がそこにあるように自然な演奏をしたいのだろうなと納得しました。彼ほどのトップアーティストになると、クラシックの古典をも換骨奪胎して自分自身の作品にするためにそんなことまで考えるのかと感心したわけです。

ならば、わたしも彼のこだわりに応えたいと考えたんです。クラシックを扱うということは、通常のジャズ作品とはちがう体制でレコーディングをするのがいいのかもしれない。彼の音楽的なフィーリングを表現するためには、スタジオではなく教会のような場所がいいのではないか。それを提案すると、ルイスもそのアイデアを喜んでくれたんですね。それで、ニューヨークにある古い教会にスタジオをセッティングしました。スタインウェイのピアノを運び込み、譜面が読めてクラシックに精通しているエンジニアに依頼して、体制を整えました。当日はベースやギターに加え、ヴィオラやヴァイオリンの演奏家も用意した。

それでいざレコーディングしたら、教会という環境がルイスの作り出そうとしていた世界にピタッとはまったんです。東京に帰って改めて音源を聞いても、素晴らしい出来だと感じた。それに評判も良かったんです。その後、自信を持ってアルバムをリリースし、わたしとしてはひとつやり終えたものを感じていたのですが、そこでルイスが、バッハの平均律第一巻の二十四曲すべてをやりたいと言い出したんです。何でも、自分にとってこの平均律をやり遂げることに使命のようなものを感じている、ということでした。彼は、自分の家には、ひとつのことに取り組んだら最後まで責任を持ってやり通す家訓があるとまで言うんです。わたしもそれを聞いて、家の話まで出すほどプロジェクトに入れ込み、手応えを感じてくれているのだと納得したんですね。ならばその要望に応えるべく、日本フォノグラムに録音を継続させてもらうように働きかけたんです。

このプロジェクトは、最終的には平均律第一巻二十四曲すべてをコンプリートし、四巻にわたる連作になりました。足掛け七年、ルイスも途中でさすがに厄介な仕事だと感じたこともあったようなんですね。バッハの音楽を自分の体の中で咀嚼した上で、ジョン・ルイスの表現となるようにまで持っていくのですから、当然なのかもしれません。でも、彼はやめなかった。その間、ＭＪＱとしての活動も継続しています。多忙な中、早朝だけは時間を捻出してバッハに取り組む、といったように彼の中で決まりを作っていたんですね。そんな苦労の日々を、完成後ライナーノーツでわたしと対談する中で話してくれました。

「最初、君から依頼があった時は、厄介な仕事を頼まれたものだと思ったけど、それを七年かけて完成させることができて誇りに思っている。やはり、あの時取り組む決意をして良かった」。大仕事をやり終えたことを、こう感慨深く語ってくれたんですね。尊敬するミュージシャンからの言葉だったので、わたしも大変嬉しかった。長年抱えていた肩の荷が下りたように感じたのを覚えています。

ここまでお話して、みなさんも感じていただいていると思いますが、ルイスはインテリジェントな人物なんですね。バッハの音楽を単に模倣するわけではなく、長年かけて冷静に自分ができることの限界を探っていった。彼の知性は外見にも現れていて、わたしが急に電話を掛けて自宅に伺っても、いつもスーツ姿で出迎えてくれるんですね。ちゃんとネクタイまで着けているわけです。とにかく、人を迎える場合はドレスアップし、気品を保っている。
録音当時、彼はマンハッタンのイーストサイドにある高層マンションに住んでいたのですが、広いリビングにはグランドピアノが二台向かい合わせて置かれていました。なぜ二台あるかというと、ルイスとミリアナ夫人が、バッハの曲を弾き合うためなんです。実は、ミリアナさんは著名なチェコのピアニストから指導を受けた、バッハの演奏家でもあったんですね。でもその影響で、ルイスがクラシックを愛好していたというわけではなく、彼は結婚前からバッハの影響を滲ませていました。とはいえ、ふたりの間にクラシックに対する共鳴があって、結婚ということになったのかもしれません。自宅ではいつも一緒にバッハを弾いていたふたりでしたので、四巻の完成後に夫婦そろって来日し、夫人にもサントリーホールでバッハを演奏してもらいました。

またここでヘレン・メリルの名前を出すのですが、彼女とギル・エヴァンスがレコーディングした時に、ルイスと電話したことをよく思い出すんです。その録音が八七年の夏だったので、バッハの連作も後半に入っていた頃です。彼に電話したのが、ヘレンのレコーディングが終わる直前で、録音に大変苦労したというようなことを喋ったんです。そうしたら、彼が「何で自分にもっと早くその話をくれなかったんだ。君の仕事なら何でも手伝ったのに」と、言ってくれたんですね。ギャラを度外視しても、なぜ自分のところに相談をしてこなかったのかということだったんです。彼からそんな言葉が出たのが、わたしにとっては驚きでした。何しろわたしはプロデューサーという立場ですから、ミュージシャンに何か依頼すればギャラが発生するという思考になっているわけです。その時、ルイスは曲のアレンジなどで、そのアルバムで達成すべき地点にまで持っていく知恵をアドバイスできた、ということだったんですね。彼がそんなオファーをしてくれたことが自分の中では忘れられないものになっているんです。

というのも、ルイスはＭＪＱのディレクターとしても、また個人としても演奏し、作曲もしています。彼にとって演奏と作曲は切り離せないもので、一体化しているという印象なんです。演奏することはすなわちアレンジでもあるし、また即興的に編曲しているということでもある。またそれ以上に、彼ほどの境地に至れば、演奏していることが同時に作曲をするということでもあるんですね。それらすべてが、ひとつのジョン・ルイスの表現だといえる。だから、彼にとっては譜面に書こうが、演奏しようが変わりない。それらがひとつの自然な音楽的な行為の中にあるという感じなんですね。彼と付き合っている中、そんな境地にまで達せられるミュージシャンが、この世にどれほどいるのかと考えたこともありました。

そんな彼に、作曲や編曲を頼んだことがありますか？　と聞かれることもあるんですが、恐れ多くて言い出したことはなかったんですね。彼が亡くなってから考えると、一度くらい依頼しても良かったかなと思っています。でも七年という長期間、彼と一緒にレコードを制作できたことを誇りに思うんです。彼がバッハの音楽を自分のものにしようと四苦八苦し、それがひとつの成果になるまでを見届けられたわけですから。

バッハの録音に当たる時期は、ルイスは六三から七十歳で、晩年といってもいい年齢でした。後で聞いたのですが、ルイスは八〇年代の初めはスランプに陥っていたというんですね。そんな時、この仕事が刺激になったということも言ってくれました。スランプだったからこそ、取り組んだともいえる、と。ルイスのようなジャイアンツでさえ、不調な時期があるのだなと思いました。どんなアーティストでもやはりスランプがあり、何かをきっかけにしてチャンスを摑み、悪循環から抜け出そうとしているわけです。そんな彼の目の前にバッハという大きな目標が現れた。バッハをきっかけにして、自分の新しい表現を見つけていきたい。その録音に七年という年月がかかったということは、いかにバッハの音楽が完成度の高いものだったのか想像できます。ルイスももちろんバッハの難しさを感じてきたし、だからやりがいがあった。やはり、彼はバッハの音楽にふさわしいものをジャズで作りたかったということなんですね。

プロデューサーのわたしはというと、そこまで深遠なものと捉えていなかった。前例としてジャック・ルーシェがやっているし、聞けば楽しく、一般の人にも充分に好んで受け入れられるものだった。それに応えてくれるのは、バッハの音楽をＭＪＱでも表現しているジョン・ルイスしかいないと思った。わたしにとっても挑戦だったし、結果的に彼にとっても非常に大きな挑戦になったわけです。

この『バッハ：プレリュードとフーガ』はルイスの晩年の代表作になり、近年韓国でもＣＤ四枚組で発売されるなど、今も多くの人に聞かれています。もちろんそれは、彼の音楽的な達成があったからだと思いますが、やはりジャズミュージシャンがクラシックに取り組んだ画期的な録音だったことも、その評価のひとつにあると自負しています。前にお話したように、日本で国際水準の作品を作っても、日本フォノグラムの大元のフィリップスからは見向きもされませんでした。あれから三十年が経過し、グローバルな社会となった今、さまざまな垣根が取り払われています。でも当時、ルイスにクラシックを弾かせるという発想はヨーロッパでは出てこなかったわけです。そう考えると、日本人が制作することの強みを感じずにはいられないんですね。

これも以前触れましたが、最初に渡米取材した一九六八年、ルイスに会った時のことを今でもよく思い出します。当時のジャズ界について、彼は「ジャズが、今ほどいい時代を迎えたことはかつてなかった。ジャズがヨーロッパに浸透し、その中から素晴らしいアーティストが出てきている。彼らの成長とともにジャズはこれからますます世界中に広がっていくだろう」と、話してくれました。その後のジャズ界を見渡すと、一目瞭然の状況だと思います。そんな言葉からも、単なるミュージシャンという肩書きを超えるものをルイスという人物には感じずにはいられないんですね。

レイ・ブライアント

ジャズの巨人たち、おしまいはレイ・ブライアントについてお話したいと思います。レイは、ここまで登場した面々に比べると若干地味な印象を受けるかもしれませんが、なかなかどうして、いぶし銀の魅力を放つ芸達者なミュージシャンなんですね。そんな彼とは十二枚もレコードを作るほど、わたし自身、親しく交流しました。なぜそれほどまでの関係になったのかというと、とにかく、わたしが彼の音楽の大ファンであるということが根底にあるんです。とにかく大阪にいた時から「ゴールデン・イヤリングス」が入った名盤……あのタバコをくわえたレイのジャケットが印象的なプレスティッジ盤などを愛聴していたわけです。そんなピアノトリオの名演がある一方で、マイルスやロリンズらにサイドマンとして付き、キラリと光る演奏を残していたこともレイを気に入った理由でした。

彼の演奏を初めて聞いたのは、スイングジャーナルの取材で訪れていたスイスのモントルー・ジャズ・フェスティバルでした。当初予定されていたオスカー・ピーターソンの公演がキャンセルになり、代わりにレイがステージに上がったわけなんです。なので思いがけずレイの演奏を聞くことになったのですが、これがあまりにも素晴らしいパフォーマンスで驚いてしまった。すぐにレイが滞在していたホテルに電話し、翌日一緒に朝食を摂るアポを取り付けました。

それで、いざ対面してみると、本当に純朴を絵に描いたような人物で、音楽だけではなくレイ本人のことも好きになってしまいました。レイはフランス語などまったくわからないわけで、「ミスターコヤマ、俺に何か玉子の料理を頼んでくれる?」と聞いてくるし、昨日のステージのことを褒めると子どものように素直に喜ぶんですね。わたしも、初めて会っているにも関わらず、自分に親しく接してくれたことが嬉しくなった。それで、彼がこれからアメリカに戻るというので、そのまま飛行機に同乗してニューヨークのアパートまでついていったんです。そんな異例ともいえる出会いから、レイとの親交が始まりました。

モントルーの公演が七二年。やはり画期的な演奏だったわけで、すぐに『レイ・ブライアント・アローン・アット・モントルー』というライブ盤で発売されたんですね。その後は、秋吉さんのデビュー盤もプロデュースしたノーマン・グ

『レイ・ブライアント・トリオ』Prestige

ランツが彼をバックアップして、いくつかアルバムを出していました。でも、八〇年に録音して以来、わたしが八七年にプロデュースするまでまったく吹き込みがなかったんです。レイは折に触れて日本に来ていたのですが、旧作ばかりにスポットが当たり、彼の同時代の活動を捉えようとした録音はなかった。八七年にそのことにハタと気づき、これは何とかしたいということで彼のプロデュースを始めたわけなんです。それで手始めに、彼が率いるトリオの現在を伝えるために、文字通り『トリオ・トゥデイ』というアルバムをレコーディングしたんです。

この時は、とにかくレイの吹き込みの空白を埋めようと始めたわけです。レイから直々に頼まれたものでもなければ、わたしの個人的な恩情から企画したものでもない。もちろん、会社に予算が余っていたからでもなかった。レイが一流のアーティストだからレコーディングしようと思ったんです。彼に長年レコーディングがないことが不思議なくらいだったんですね。八七年といえば、ちょうどヘレン・メリルやジョン・ルイスと精力的に録音を続け、プロデューサー業に力を入れていた時期ですから、レイに対しても正確な判断ができていた。その後、レイと十二枚ものアルバムを作ることができたのも、やはり彼の腕が衰えず、音楽的な引き出しを豊富に持っていたからだと思うんですね。レイの音楽がわたしの

『レイ・ブライアント・アローン・アット・モントルー』Atlantic

期待に常に応えてくれたのです。

その十二枚の試みの一部を紹介します。ベテラン同士の共演では、ギターのケニー・バレルと組んだ『ノー・プロブレム』や、西海岸に住むベーシストのレイ・ブラウンにニューヨークまで来てもらって録音した、その名も『ダブル・R・B』。また、トリオで録音したものでは後期の代表作となった『スルー・ザ・イヤー』。これはレイの六十歳の記念盤で、彼のキャリアを振り返るような内容にしたため二枚組というボリュームになりました。また、九五年にはレイを東京に呼んで、ソロのライブ盤も出しました。この作品に顕著なのですが、わたしは彼の真価はライブにおいて最大限に発揮されたように思うんです。どういうことかというと、レイはライブに集まった人々を納得させるだけの決め手を持つミュージシャンだということなんです。レイの演奏を聞きにきた人は、彼からいつその決め球が出てくるか、今か今かと待っているわけです。レイは、観客のそんな期待を巧みにコントロールしながらライブを進めていくんですね。

十の指を使って八十八の鍵盤を自分の思うままに操り、そこにいる全員を巻き込む。それが、演奏家が持ちうる存在価値だといわんばかりに、彼は白熱の演奏

レイ・ブライアント『トリオ・トゥデイ』EmArcy

で観客を取り込んでいく。それは、代役にも関わらず、会場にいた全員を魅了したモントルーのステージにも表れたし、東京のTUCというライブハウスで録音した『ファースト・ライブ・イン・トーキョー』にも刻まれています。彼のライブの決め球は、「リトル・スージー」という曲なんですね。レイは、観客のテンションをじわじわと高めて、ライブの最後に待ってましたとばかりに自分の娘に捧げたこの曲を演奏する。と、皆が一斉に手拍子で反応してしまうんですね。

レイがよく口にしていたのは、自分はライブで絶対にミスをしないということでした。「どんな場所であれ、どんなお客であれ、どんな場合においても、自分はライブの最後には聞き手を満足させ、楽しませる自信がある」と言っていた。ライブに自信を持つミュージシャンは多いですが、彼ほど確信を持って、決め手の一曲を演奏できる人物はいないと思わせるほどのパフォーマンスをみせた。東京でのライブの曲順などは、すべて彼が決めていました。最後の決め球を出すまでの曲の流れも、もちろん彼が一番分かっているし、観客が満足してくれるまでの過程もすべて分かっているわけです。

ライブ演奏のすべてを掌握できる能力があるわけですから、アルバム制作においてもかなりの部分をレイに任せていました。プロデューサーのわたしの仕事と

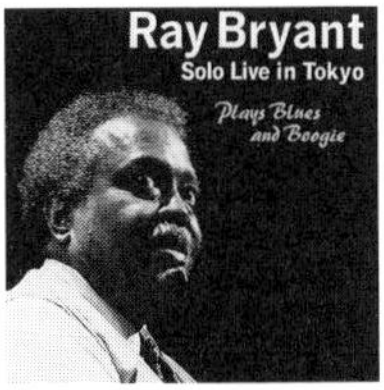

レイ・ブライアント『ファースト・ライブ・イン・トーキョー』
EmArcy

いえば、準備段階に終わっていました。彼がケニー・バレルやレイ・ブラウンと共演したいと言えば、彼らが参加してくれるために手を尽くし、また、彼が尊敬していたカウント・ベイシーに取り組みたいと言えば、そこにデューク・エリントンの曲も加えてバランスを取った方が面白いのではないか、ということを助言したくらいでした。その録音は、『プレイズ・ベイシー・アンド・エリントン』というアルバムになりましたが、このアルバムに限らず、録音当日は、わたしから彼に事細かく言ったことはなかったんですね。わたしは、彼が演奏しやすいコンディションを作ることに集中しておけば良かった。

でも、レイというミュージシャンは、ライブ演奏に長けていることだけが特技ではないんですね。彼は、作曲もできるミュージシャンでした。しかも、名曲と呼ばれる曲を数多く生み出したんです。「リトル・スージー」以外にもラテンナンバーの「クバノ・チャント」、ノロノロと進む貨物列車を想起させるユニークな「スロー・フレイト」、アート・ファーマーやキース・ジャレットが取り上げた「トンク」など、後にスタンダードになる曲ばかり。レイは観客の心を掴んで離さないライブパフォーマンスができる上に、人の心にすっと入り込んでくる素晴らしい曲を書けるマルチな才能があったわけです。

ここで、レイが一線級のソングライターであることの証明になるエピソードをひとつお話したいと思います。ハーモニカ奏者のトゥーツ・シールマンスに「ブルーセット」という曲があるのを知っている方も多いかと思います。これは、トゥーツが亡くなったから言えることなのですが、実はこの曲を作曲したのはレイなんですね。いつだったか、レイが本当の作曲家は自分だと話してくれました。レイは、『ザ・ソウル・オブ・トゥーツ・シールマンス』というアルバムでトゥーツと共演しています。それが五九年のこと。六一年になってトゥーツは「ブルーセット」を吹き込んでいます。この曲の名義は、トゥーツ。その後、あっという間に広まって、トゥーツ最大のヒットになった。結果、彼の代名詞のような一曲になってしまったわけです。トゥーツ名義で出したために、レイは主張しようと思った時には遅かった。レイは「トゥーツにやられた」と、言っていました。何しろ、この一曲があれば生活に困らないほど売れた曲ですから、そう考えるのも仕方がないのかもしれません。しかし、こういったことは、ジャズ界にはよくあることだともいえるんですね。マイルス・デイヴィスも、共演したビル・エヴァンスの曲を拝借していた……というようなことも耳にするわけですし。

自分とレイとの交流をたどる中で、このトゥーツとの話を思い出したわけですが、なぜレイがわたしにこんな話をしてくれたのか正直よく分からないんですね。とにかく、レイとわたしは他ではできないようなことも話せるほど親しい間柄だった、というのは間違いないように思います。ふたりで制作したレコードは、最初の録音が八七年で、最後が二〇〇〇年。結局、十五年という長い付き合いになったんですね。なぜ、これほどレイと一緒にレコーディングできたのか……これもよく分からないのですが、ひとつ理由があるとすれば、わたし以外のプロデューサーから声がかからなかったということがあるのかなと思うんです。

どこかのレコード会社に専属契約しているわけではないですし、若い世代のプロデューサーが突然ベテランの彼に声をかけてくることもない。でも、わたしと彼の間柄なら、レコーディングの時期が近づいたら、どちらともなく連絡して「そろそろ次やる?」という具合だったので、お互いやりやすかった。日取りが決まれば、「今度の録音は、前回からガラッと内容を変えよう」などと、ふたりでコンセプトを決めて、一年に一度の吹き込みを楽しんでやっていたわけです。そんな風にして男同士が不文律で付き合っている以上は、レイにしても、わたしから言ってくればレコーディングをするし、他からであればやらないという、お互いを信頼し合う、あうんの呼吸のようなものがあったのかなと思います。

そういった親密な付き合いの中で、ある時、彼に非常にプライベートな演奏をお願いしたことがあるんですね。おそらくこの時にレイと会ったのが最後だったと思うのですが、わたしの友人にステンドグラスのアーティストがいて、彼が癌で余命いくばくもないのでレイに日本に演奏に来てもらったんです。死ぬ前にもう一度レイのピアノを聞きたいとわたしに頼んできたんですね。もちろん、レイだから頼めたわけですが、アメリカから来日したその足で彼の自宅まで行ったわけです。それで、呼んでいた仲間たちと彼を激励しながら、レイのピアノに耳を傾けた。通常なら、レイのようなクラスの人間にそんなことを頼めるものではないわけですが、わたしの頼みということでレイも来てくれたんです。

なぜ、そこまで彼と馬が合ったのか正直よく分からないんですね。でも、最初にお話したように、何よりもわたしの中に、レイのピアノが大好きだということがベースにあった。こんな素晴らしいピアニストがいるのだから、できるだけ多くの人に聞いてもらいたい。大阪時代から、ずっとそういう気持ちを持っていた。それが、彼をプロデュースすることにつながったのですが、今考えてみると、レイはわたしとビジネス上の一プロデューサーとして付き合っていたわけではなく、ファンとしてのわたしの気持ちを汲み取りながら、いつもひとりのジャズ愛好家として交流してくれていたのではないかなと思うんですね。

最後にもうひとつ、彼らしいユニークなエピソードをお話ししたいと思います。日本のファンの中でレイ・ブライアント・ファン・クラブなるものが結成されたことがあったんです。鎌倉を拠点に熱狂的なファンがいたんですが、ジャズのミュージシャンにファンクラブができたのは異例でした。わたしは直接は関わっていないのですが、主宰者に請われてレイをアテンドする役割を担っていたんです。最初は来日公演などに際して、レイを囲むパーティーなどをやっていました。その後、次第にファンの輪が大きくなっていき、最終的には、ファンクラブでホテルを借りてレイに演奏をしてもらうことになったんですね。

そして、いざイベント当日。ホテルの大広間で、ファンたちがビュッフェスタイルの食事を摂る中、レイが花道からスポットライトを浴びて登場してきたんですね。その姿がすごくて、真っ白なスーツの上下だった。レイ自身がアメリカであつらえてきたらしく、もう堂々たる姿で大スターを演じているわけです。ファンが脇を取り囲む中、レイはピアノを弾き始めた。その時の彼が、いつも以上に笑顔をみせて、得意満面だったんですね。もちろん、彼のことだから決め球の曲も用意していました。

わたしが一番印象に残ったのは、やはりレイのあの笑顔。彼の人生でこれほどの歓迎は受けてこなかったのだろうなと思わせるほど嬉しそうにしていた。日本には、自分の音楽をここまで愛してくれる仲間がいるのかという喜びの表情だったんですね。日本のファンがレイに対して好意を伝え、レイも日本人に対して好意をもってくれた。普段のステージでは感じとることができない思いを互いに共有できたことは、わたしにとってもいい思い出になっているんです。

そういう逸話からも分かるように、レイは、純朴で人間的な温かさを生涯持っていた人物だったように思います。七二年のモントルーで、わたしに玉子料理を頼んで欲しいと聞いてきたあの時とまったく変わらなかった。音楽で人を喜ばせ、人からの好意も素直に喜ぶことができるタイプの人間でした。もちろん自身でも素晴らしい吹き込みを残し、マイルスやロリンズのサイドマンとしても後世に残る仕事をしたと思いますが、やはりジャズ界のビッグネームという存在ではなかった。でも常にコアなファンがいた。

わたしとレイは、いつしかファンとアーティストという関係を超えて、ふたりでレコードを作るようになりました。でもレコーディングは、ギル・エヴァンスとの録音のように、ギルから多大な刺激を受けて制作するというような難しいものではなく、レイと一緒に楽しんで作っていたんです。ギルとは生みの苦しみを味わいましたが、レイとの録音は本当に楽しかった。一緒にレコーディングをしたのは十五年でしたが、モントルーから数えると、三十年もの長い付き合いになった。その間、わたし自身、いつも彼のピアノに体を揺らしながら、ジャズを楽しんできたように思います。彼のピアノは、ブルースの香りが臭ってくるところが自分にピタリと合った。それに加え、マイルスと組んでも、ロリンズと組んでも、もちろん自身のトリオでも彼のピアノは明快にスイングしていた。ブルースのフィーリングを感じさせながらスイングし、なおかつ難解にならない。そんなところが何ともいえず好きだったんです。やはりそのピアノが、彼の人柄を一番表しているようにも思えるんですね。

ジャズの立役者たち

　ではジャズジャイアンツの項の最後に、彼らを支えてきた裏方の仕事に少し光を当ててみたいと思います。この章でも、アート・ペッパーならコンテンポラリー・レーベルのレスター・ケーニッヒ、ソニー・ロリンズの七二年の復帰ではオリン・キープニュースといった名前を挙げ、彼らがミュージシャンを影で支えていたことはお話しました。この二人はレコードプロデューサーでしたが、ジャズ界の立役者といえば他にも、音源発掘といった分野で、ボブ・ポーター、マイケル・カスクーナといったディスコグラファーや、ジャズ雑誌の編集者、批評家、ラジオパーソナリティ……と、さまざまな立場の人たちがいるわけです。わたしはジャズに関わることなら何でも首を突っ込んできたので、そのすべてに経験があることを我ながら驚くのですが、まだ一度も話したことがない仕事がひとつありますので紹介したいと思います。

それは、米誌「ダウンビート」の「国際ジャズ批評家投票」というものなんですね。これは、これまでに何度も話に登場しているジャズ専門誌ダウンビートが一九五三年から始めたもので、二〇一七年には六十五回を数える歴史ある賞です。一年に一度、読者の人気投票と専門家の投票があり、年間で活躍したミュージシャンやアルバムの一位を決めるんですね。批評家投票の部門で、秋吉さんの『孤軍』がアルバム部門の一位を獲得したことは少し触れましたが、この投票では百五十〜百八十人の批評家が参加しています。わたしは、この投票に一九九五年度から投票者として参加しているんですね。どういうシステムなのかというと、ダウンビート編集部から書類で投票の依頼が来て、それに書き込んで送り返すという一連の作業。世界各国のジャズ雑誌の編集長というような人物が選ばれ、二〇一七年ということでいえば、百五十五人の批評家が参加しています。その中で、わたしのようなベテラン・コミッティー・ヴォーターと呼ばれる長老級の批評家が三十五人います。日本からの投票は、油井正一さんとふたりの時期もあったのですが、油井さんが亡くなり、いまは自分ひとりが参加しています。

どんな書類が送られてくるかというと、候補者リストが同封されているんです。楽器ごとの部門で、名前が通ったベテランミュージシャンの枠と、その年度に新しく話題になったニュースターの枠、その両方があります。前者をエスタブリッシュ、後者をライジング・スターと呼んでいます。両者についてそれぞれ候補が書かれていて、基本的にはその中から選ぶわけなんですが、リストにない演奏家を書き込むことも可能です。批評家に与えられているポイントは各部門ごとに十点。三名まで選んで、五点、四点、一点と付けてもいいし、ひとりに五点を付けて、残りを三点や二点にしてもいい。要するに、批評家個人のお気に入りの度合いで点数を変えられるんです。

送り返した書類は、ダウンビートが集計します。それで、たとえば新人部門の得票で第一位が百七十点、二位が百点という結果になったとします。最高点を取った新人は二位を七十ポイントも引き離しているにも関わらず、自分はその存在を全然知らずに投票していないとなれば、これは評論家としては困ったことになるわけです。知らないミュージシャンが高評価を受けているのであれば、早速音源を買って聞くということになるんですね。そうしないと新しい動きについていけなくなる。長年の決まりのように投票しているわけですが、わたしにとっては自分の一票を投じるだけではなく、今のジャズ界の流れを見る上でもかなり参考になっているんです。

わたしひとりのオピニオンも大切ですが、他の評論家たちはどんなアーティストに注目しているのか、一枚のアルバムについて世界での評価はどうなっているのかを知ることは、ジャズの多様性という点から考えると重要なことです。投票結果を見ると、いつも自分自身の視点と、世界的な視点とのギャップを考えさせられるんですね。ですから、いつからかわたしは投票結果を自分で書き写して一覧表を作るようにしたんです。五三年の第一回目から遡って、現在までの表を書き続けている。ですから、この一覧表を広げると一目で六十年間のジャズ史がわかるようになっています。自分で言うのも変ですが、これがかなりの労作なんです。こんなものを作ろうと思うのも、ディスコグラフィへの関心や、自身のコレクター気質から由来しているのかもしれませんが、ラジオ番組ではかなり役立つんですね。過去の音源を取り上げるにしても、一覧表を見て自分の記憶とのダブルチェックをしながら、正確な情報を提供できるわけですから。

投票のことに話を戻すと、やはりわたしとしては日本人を優先的に投票しています。もともと才能があるのに、まだ海外に知られていなかったミュージシャンがいるわけで、日本で唯一の投票者として彼らを世界に周知させたいという思いがあるんです。リストになくても名前を書けば、来年度の新人枠の候補に入れてもらえるよう働きかけたことになるわけです。実際、ピアニストの上原ひろみやフリージャズ系の作曲家でありピアニストの藤井郷子、オルガン奏者の敦賀明子などを、これまで強く推してきました。

また、これも知られていないことですが、ベテラン・コミッティー・ヴォータ一の役割として、「名声の殿堂 Hall of Fame」という部門があり、一般批評家の「名声の殿堂」とは別に、長老級の批評家のみで選ぶ同部門があるんですね。その役割としては、一般の知識よりもさらに古い時代に遡って選ぶということ。当然、わたしたちの方が知識量があるので、若手の投票者に手が届かないところをカバーしているんです。編集部が、我々が選ぶ感覚や時代認識において若手の批評家とはちがった知識の深さを期待しているのだと理解しています。

最後に、もちろんこの「国際ジャズ批評家投票」にも関わり、ジャズ・ジャーナリスト、批評家という立場でジャズ界を牽引してきたふたりについてお話ししたいと思います。これまで何度か名前を出している、レナード・フェザーとダン・モーガンスターンです。わたしは、七〇年代初頭からアメリカ現地で行っていた座談会への参加や、スイングジャーナルへの寄稿など、ふたりにはさまざまなお願いをしてきました。それは、何よりも評論家として彼らに一目置いていた証でもありますし、いつも彼らのジャズへの造詣の深さには畏敬の念を抱いていたんですね。

レナード・フェザーについては、秋吉さんの一連の活躍で、彼の評価という後押しもあって全米中に広がったことをお話しました。そこに、批評家が目指すべきひとつの形を見せてくれたということで尊敬をしているんです。また、ジャズにおいての知識が的確だということはライターの最低条件で、加えて、彼はロサンゼルス・タイムズという全米有力紙のスタッフライターであり、発言する場所を持つ強さがあったことを忘れてはいけないと思うんです。彼はもともと英国の出身で、三〇年代末にニューヨークに移住。そこで雑誌に関わったり、ラジオに関わったりする中で、自分の発言を確保し、一九六〇年にロサンゼルスに移住して以降は、ロサンゼルス・タイムズのコラムの枠を勝ち取っている。また、人名事典の出版や司会業、また作曲もするなど活動範囲も広かった。そういったさまざまな面で、ジャズ界へ発言する影響力の強さということでは右に出るものはいないと思います。

ダン・モーガンスターンは、キーノートの完全盤でライナーノーツの執筆を依頼したことで名前を出しました。彼とわたしの縁は深く、長年担当していた「アーティガン・ジャズ名声の殿堂」という、ジャズ・アット・リンカーン・センター内にある歴史的音源の視聴に関する選考委員に推薦してくれたのもダンでした。彼は、当初メトロノーム誌の編集などを手掛けていましたが、わたしがひんぱんに渡米していた頃は、ダウンビートのニューヨーク編集支局長でした。名前からすると大きな出版局を思い浮かべる方も多いかと思いますが、本当に数人で編集をしていたんですね。ですが、ジャズの中心でその動静を司っていた実績があり、「国際ジャズ批評家投票」を含めて歴史ある雑誌のトップとして世界中から信頼をおかれていました。と同時に、彼はライターとしても、もっとも多くのグラミー賞年間最優秀ライナーノーツ賞を獲得しています。文章の格調の高さ、内容の濃さは他に類がなかったんですね。そういう意味でジャズ全般に関わる学識の広さにおいて、彼の右に出るものはいないと思うんです。

そんなダンの自宅にも何度も行ったことがあるのですが、彼には書斎と呼べるような部屋がないことにいつも驚かされていました。狭い部屋にはジャズに関する本や書類が散らばっていて、そんな中で彼は小さなテーブルを本棚の台に載せて執筆しているんです。そんな場所で、あれほどの素晴らしい文章が書けることに感心していました。とにかく、キーノートの解説であれば、ダンをおいてほかには考えられなかった。ジャズに関することはすべて、その頭の中に入っているような人物でした。

ジャズジャイアンツは日の当たる場所で脚光を浴びる存在ですが、ジャズ界を影から盛り立てた立役者たちについてはなかなか語られることはありません。ミュージシャンたちのエピソードから、少しでも裏方の仕事に興味を持ってもらえたなら、これほど嬉しいことはありません。裏方たちが光を当てたことにより、世の中に知られるようになったミュージシャンは数多くいるのですから。

Ⅳ　これからのジャズ

ジャズ・ジャーナリストの資格とは

ここからは九〇年代以降の仕事をお話したいと思います。先に少し触れましたが、わたしは九〇年の三月から古巣のスイングジャーナルに復帰しています。人生のターニングポイントは常にそうなのですが、この時もやはり声をかけられたんですね。声の主は、加藤幸三社長。六七年に編集長になって、スイングジャーナル初の渡米取材やジャズディスク大賞の授賞式の開催など、無理を聞いてくれた方です。実はこの時期、スイングジャーナルは専任の編集長がおらず、加藤社長が兼任している状態でした。わたしとスイングジャーナルの関係というと、退社した後も社長と定期的に会って情報交換し、時折寄稿もしていた。「もし何かあれば帰ってきますから」と言い残して自分が辞めたことを、どうやら加藤さんが覚えていたようなんですね。そんな経緯もあり、再登板となりました。

復帰して、まずは九〇年代に入った直後のジャズを取り巻く状況を正確に知りたいと思い、世界のジャズの今を捉える誌面を企画しました。九〇年の秋に出した臨時増刊号を見るとそれがよく分かるのですが、「ジャズ・ワールド・シーン90〜91年」という記事になっています。ジャズ・イン・ニューヨークやジャズ・イン・ヨーロッパ、もちろんジャパンの項も設け、世界各地のジャズの動静を紹介しています。一例を挙げると、ヨーロッパ編ではわたしがパリに乗り込んで『ジャズ』誌の編集長のフィリップ・カルルらと座談会をやっています。当時は無名でしたが今やフランスだけでなくヨーロッパ中に知られるようになったクラリネット奏者のルイ・スクラヴィスや、近年インパルス・レーベルを復興させたユニバーサル・フランスの出版部長だったジャン・フィリップ・アラードなどを集めて現状を語りあっているんですね。もちろんニューヨークでも取材していて、この誌面だけ見ても日本発の雑誌とは思えない造りになっています。

なぜこの特集を企画したのかというと、八〇年代のスイングジャーナルを眺めていて、自分が築いてきた編集方針が手薄になっていることに歯がゆさを感じていたからです。わたしが編集長だった頃は、海外のジャズ界と日本のジャズ界の情報を同居させつつ、海外のミュージシャンやレコード会社を頻繁に訪ねて本場の生の声を伝えていたわけです。わたしが開拓してきた編集方針を「伝統」とまでは呼べないにしても、もう少し受け継いで欲しかった。この雑誌の使命として、海外の動静をもっと詳細に伝えねばならないと思ったんです。国外からの情報を待っているとどうしてもタイムラグが生じますし、たっぷりページがある専門誌でしかできないことがあるわけです。だから、もう一度海外に出て、ゼロから誌面を築いていきました。それができたのも、もちろんわたしに人脈があってのことでしたが、とにかくジャズ・ジャーナリストとしての自分の初心を取り戻したいという気持ちが強かったんです。

復帰後、もうひとつ打ち出した企画があります。クリティック・ポールです。これは、批評家投票による、活躍したミュージシャンやベストアルバムの選出です。前章の最後でお話しましたが、わたしも参加するダウンビート主催の「国際ジャズ批評家投票」を例に、それまで日本になかった企画としてスタートさせました。なぜこれに取り組んだのかというと、一言で言えば執筆陣の記事に満足できなかったんですね。編集長が変われば、その方針が原稿に反映されるわけですが、どうもその内容にわたしが思わず脱帽してしまうようなものがなかった。自分が編集長になったからには、評論家たちにもう一度執筆への意識を高めてもらい、より誌面を充実させたいということが念頭にありました。クリティック・ポールを行うことで、評論家たちは自身の名前で投票に参加するわけですから、それだけ責任が増すことになるわけです。スイングジャーナルは初期から読者選出の人気投票をやっていたので、それに合わせて評論家にも投票をしてもらった。年に一度でしたが、評論家たちは年間を通じて鋭い目を光らせないといけないわけです。意識の底上げと投票結果、そのふたつの相乗効果で、評論家たちにとっていい刺激になることを期待したんです。

というのも、わたしが言うのもおこがましいのですが、ジャズ評論家という肩書きを持つ彼らのステータスを確立させたいという意図もありました。いわゆるジャズ・クリティックの仕事は、ディスクレビューの担当やライナーノーツの執筆など、領域はかなり限定されています。放送メディアとなれば携われるのは一握りで、雑誌や新聞にしても膨大にあるわけではない。また、原稿料も決して多いとはいえない状況で、ジャズ界のため平素から努力してくれている彼らに活躍の場を提供したかったんです。評論家たちのステータスの確立。彼らが名声を得ることでジャズ界が活性化し、ジャズ批評の分野にも新しい人が入ってきてくれたら嬉しいと考えたんです。

海外での広範囲な取材とクリティック・ポール。とにかくスイングジャーナルを刷新しようとしたわけですが、実はわたしは九三年に会社を辞めてしまうんです。あれほど喜んだ古巣への復帰をあっさりと手放し、またフリーランスに戻った。他からの誘いがあったわけではないんですね。動機というと……実は、これがはっきりしない。ただ、長く続けたいと思わなかったんです。三年を終えたところで、完全に自分のわがままで辞めました。生活のことを考えたら、定期収入がある方がいいのは当然です。でも、ばっさりと決断したんですね。辞めた理由をあえて探せば、加藤社長の考え方が以前とは微妙に変わっていたと感じたからかもしれません。七九年に一度辞め、再任されるまで十年が経過していました。その間、編集長が二度代わり、わたしが入る直前は加藤社長が担当していた。自分がいない間に、会社の方向性がかなりコマーシャリズムに流れてしまったように思ったんですね。そこには、レコード業界との癒着も見え隠れしていた。もちろん商業誌ですから売り上げを第一に考え、広告収入を上げることも必要です。会社は、利益を追求することで社員に給料を払っていかないといけない。そんな当たり前ともいえる営業方針が、スイングジャーナルという老舗の雑誌に垣間見えたことに疑問を持ったんです。編集長としての自分の裁量が以前に比べて少ないということではなかった。提案する企画は通せるわけで、不自由を感じたわけではないのですが、やはりスイングジャーナルがわたしにとって居心地が悪い場所になっていたんですね。

ですから、クリティック・ポールの成果についてはは正直分からないんですね。ジャズ論壇の活性化につながればと考えて始めたわけですが、変な話、わたしの頭の中には後進の評論家を育てるという意図はなかったんです。わたし自身、取材時におけるノウハウや文章の書き方を若い書き手に伝授できるものだと思っていない。まったくの新人が編集部に入ってくれば、校正など一連の進行くらいは教えられます。でも、その新人が何に興味があって、仕事をどのように進めるかは当人の感性の問題になってくる。雑誌で何を取り上げ、どう表現するかということは、ミュージシャンが楽器で何をどう演奏するのかと、まったく同じだと思うんですね。それは、完全にインプロビゼーションの世界です。大阪から上京してダウンビート編集部に入った時も、誰からも教わったことはないし、今まで編集長を長くやってきた中でも、後輩に伝えなければならないと思うこともなかった。わたしは、仕事の仕方を教えるよりも、わたしがやってきた仕事を見て、彼らが何らかの刺激を受けてくれたら嬉しいというスタンスなんです。

スイングジャーナルが二〇一〇年に休刊し、その後継として誕生した『JAZ

Ｚ ＪＡＰＡＮ』という雑誌があります。そこで編集長をしている三森隆文君は、わたしの元スタッフです。実際、わたしが三森君に手取り足取り教えたことは一度もありませんでした。でも、彼も長年わたしの仕事を見ていたわけで、ジャズ雑誌を作ることの伝統を受け継ぎながら、今、自分なりの表現をしてくれていると思うんですね。方法論を誰も教えてくれないということは、その本人がいかにジャズに対して情熱を持っているかに尽きる。ジャズ評論家になりうる素質がある人は、その情熱に突き動かされて自然に道を切り開いていくわけです。自分で道を開拓することでしか、ジャズ評論家になる道はないと思うんですね。もし、その道の先に自分が尊敬するジャズライターがいれば、落語家のようにその門を叩き、師として信じ続ける情熱があれば評論家になりうる可能性はある。しかしながら、ジャズ評論家の養成スクールというものはない。この仕事は教え、教えられる類いのものではないという認識です。

しかし周囲を見渡すと、評論家になれそうな人は一杯います。たとえばレコードを山ほど持っているコレクター。しかし、評論家以上にレコードを所有しているからといって、コレクター＝評論家ではない。コレクターであれば、レコードを聴いてそれを自分なりに評価を下すことまではできると思います。でも、自分の中に叩き込み消化し、評価を下したものを文章にして、ジャズが好きな人、あるいはジャズをまったく知らない人、そういう相手に向けて自分が考えていることを的確に伝えるのは難しい。誰に読まれるか分からない中で、人に届く文章を書く才能を獲得するには、相当なトレーニングが必要なんですね。その技術は、天から降ってくるようなものではないんです。

わたしは、バンビでレコードコンサートをやっているうちに、一枚一枚のレコードについて、その内容のどの部分を紹介し、どのように推薦すれば人に受け入れてもらえるのかを知らず知らずのうちに体得していました。レコードコンサートは、聴いてくれる人をざわめかせず、わたしの話にスッと耳を傾けてもらうための訓練の時間になりました。二〇代半ばから、わたしはそんな風にしてジャズを間に挟み、第三者と対話していたわけです。その経験が、結局は後にジャーナリストとして活動をスタートさせる際の根っこの部分にもなっていたということなんです。

九〇年代に入ってから始めた、もうひとつの仕事についてお話したいと思います。スイングジャーナル在籍中から引き受けたのですが、この時期、政府機関や地方自治体などのオフィシャルな仕事をやるようになりました。文化庁では、日本芸術文化振興委員会の委員をやりました。文化活動で助成金を得るために応募のあった企画に助成金を出すことが適切かどうかを審査する仕事です。また同じ文化庁でも、芸術祭や芸術選奨などの審査委員を十数年に渡り担当しました。レコード部門ならばレコードを聴いて審査するわけですが、音楽部門は幅広く、パフォーマンス部門や大衆芸能部門などの審査にも携わりました。

そのほか地方自治体の仕事では、九〇年代は愛知県岡崎市が行った「ジャズの街角展」の監修を定期的にやりました。これは、外科医であり日本のジャズシーンにも深く関わってきた内田修さんが寄贈したレコードコレクションをイベント展示するもの。同じく展示では、千葉の県民プラザの記念事業で「幻のジャズレコード展」と銘打って、ブルーノートのアルバムジャケットを並べ、その歴史をプレゼンテーションしました。また静岡県の浜松市では、ヤマハが主催するジャズフェスティバルを長年監修しました。

こういった仕事は自分から増やそうと動いたわけではなく、声がかかったんですね。浜松のジャズフェスティバルは二〇〇〇年代は毎年関わり、イベントそのものを側面からサポートしました。主催者側から、事前に演奏する候補者の相談があり、選定に携わります。監修という立場ですが、本番前にはリハーサルに立会い、当日は司会もやるわけなんですね。また、岩手の知人からホールコンサートの企画依頼があり、日野皓正に声をかけて、自分も司会役を買って出たこともあります。言ってみれば、こうした司会業は、日頃ラジオでやっていることをホールを舞台にして公開生放送をしているようなものでした。

後世に残る仕事としては、この時期は書籍の執筆があります。一九九九年にアメリカのオックスフォード大学出版から出た『Biographical Encyclopedia of Jazz』というジャズ百科事典の日本人演奏家の項目を担当しました。これはアメリカ編の執筆者がレナード・フェザーと、「シーツ・オブ・サウンド」の命名者としても知られるアイラ・ギトラーで、気心が知れた彼らと気持ちよく仕事をさせてもらいました。同じ年に、またオックスフォードが出版した『The Oxford Companion to Jazz』という八六〇ページにも及ぶ大著にも参加しました。このときは、日本編を担当。かなり力を入れて執筆し、ジャズ・イン・ジャパンの項目の最後は、国際的評価の高かったピアニストの大西順子で締めくくったのを覚えています。

これらの本は海外での発売でしたが、国内でもわたしのジャズの知識を活かした仕事をしました。住んでいる柏市の隣の我孫子市、相模大野市、また桐蔭学園といった学校法人から依頼があり、ジャズの歴史講座を連続して開講しました。講座とはいえ、堅苦しいものではなく、音源を聴きながら楽しんでジャズ史を紐解いていく内容です。実際にジャズメンたちが演奏する映像を見ながら話をすることも多く、聴講者に大好評でした。雑誌や書籍の仕事とちがって、聞いてくれる人たちの反応が目の前で分かるわけで、やりがいを実感できるんですね。何よりもわたし自身が楽しんでやっていました。ですから、数多くの講座を引き受けたんです。

また柏市の文化振興審議会のメンバーに選ばれ、文化事業の相談を受けるようになりました。地元のジャズ活動をさらに活性化できないかと、地域のみなさんとさまざま知恵を絞ったのを覚えています。新しいホールができたので、そのこけら落としに綾戸智恵の公演をプロデュースしたこともありました。また、レイ・ブライアントにも来てもらった。地域にジャズの根を張るため、わたしの人脈や経験をフルに活用しました。これはボランティア的な活動です。

地元の小中学生を集めてビッグバンドを結成し、日野皓正に指導してもらったこともあります。小中学生のビッグバンドと、プロのビッグバンドを共演させるという大がかりなプロジェクトを行ったんですね。実は、当時ジュニア・バンドのメンバーだったトランペットの曽根麻央君が、米留学を経て、いまや日本のジャズ界を背負って立つ超大型新人として活躍を始めました。当時、彼はまだ十歳ほど。幼かった彼が成長し世界に羽ばたこうとしているわけで、プロジェクトに関わったわたしとしても最高の思い出になっています。

こういった活動は、地方都市にもジャズを聴く耳を育てようと行っていた……何もそんなことを言いたいわけではないんです。わたし自身も、町のみなさんと一緒になってジャズを楽しみ、そしてその波が広がっていくのを楽しんだんですね。本当に贅沢ですが、いきなり柏のライブハウスにレイ・ブライアントが来てしまうわけで、そこにいた誰もが喜んだし、自分自身も充実した時間を過ごせたと思っています。

つねにホット・トピックスを

さて二〇一八年現在、わたしのジャズ熱を注ぐメディアは何かというと、ラジオ番組ということになります。二〇〇七年四月から毎週土曜の夜に始まったジャズ・トゥナイトも十年を過ぎました。新譜や名盤をバランスよくかけながら、時にはゲストを迎え、毎週二時間の番組をお送りしているわけで、これに集中していると余力はあまりないというのが現状です。国内外、さまざまなミュージシャンが来てくれますが、昨夏も小曽根真が完成したばかりのニューディスクを持ってゲストに来てくれました。その時、懐かしく話したのですが、彼と最初に会ったのは四十年も前になるんです。

当時、小曽根青年は十八歳。オスカー・ピーターソンにそっくりなピアノを弾けるほど、若くして技術に長けていました。その時会ったのは、彼が録音してきたテープを聴き、良ければそのままレコード化するかどうかの相談を受けたんです。もちろん、ジャズ界の新星としてデビューするだけの力は備わっていました。一方で、彼はバークリー音楽大学に留学することも考えていた。わたしは、留学して音楽を本格的に学んでからデビューした方が将来的にはいいと思った。同席した油井正一さんも同じ意見で、ふたりで帰国してからでもデビューは遅くないとサジェスチョンしたんですね。プロになれると思い、関西から意気込んで上京していた小曽根青年は残念だったようですが、今ではその時にアメリカ留学を強く促されたことが良かった、と番組でも感謝の気持ちを語ってくれました。それは、その後の彼の活躍を見れば分かることで、バークリーを主席で卒業後、日本人プレーヤーとしては異例のアメリカCBSという大手レーベルと専属契約を結びデビューを飾ったのです。近年では文化庁主催の芸術選奨の文部科学大臣賞や紫綬褒章を受章、またクラシックのニューヨークフィルとも共演し、ジャズというテリトリーを超え、さらに活動の幅を広げています。昨年も、バークリーで教えを受けたヴァイブ奏者ゲイリー・バートンの引退公演で共演し、まさに日本が世界に誇るピアニストになっているんですね。わたしは、幸運にも彼の音楽人生の可能性を四十年も前に見ることができた……そんな昔話をラジオでできることの幸せも感じました。

少し話が逸れましたが、今のわたしはラジオという仕事に全力投球している毎日です。音楽を聴くことが仕事ですから当たり前なのですが、一週間のうち四日ほどは番組の選曲のためにずっと音源を聴いています。でも、一日中ヘッドフォンを頭に乗っけているわけではないんですね。なぜなら、わたしの手元に届く音源は耳にしたことがない新譜ばかりなので、調べながら聴いているのです。というのも、世界の各国から届く最近のプロモーション用のCDやデジタルで送られてくる音源には、演奏者と曲名など最低限の情報しか記していないようなものが含まれているんですね。どこの誰のものかも分からないことも多く、ネットで検索して、そのアーティストがどんな人物で、アルバムが生まれるまでの経緯などを調べます。そうしながら同時に、自分の番組にはどの曲をかければいいか、みなさんが感動してくれるのはどの曲か、を判断しながら聴いているわけです。自分の知識にない内容を学習しながら聴いているので、時間がかかるんですね。朝起きて朝食を済ませたら、すぐに仕事部屋にこもるのが日課になっています。

長年この世界に関わっているので、わたしの頭の中に膨大なディスコグラフィが蓄積されているように思われるかもしれませんが、世界では日々新たな音源が生まれているので全然追いつかないんですね。何しろ、届くCDや音源は、日本のレコード会社をはじめとして、アメリカやヨーロッパのレコード会社、あるいはレコード会社が契約している宣伝会社から送られてくる。同時に、ジャズ・トゥナイト宛や、アーティスト本人から直に送られてくるものまで本当に多岐に渡ります。そのうちの七〇％は知らない音源です。それをひと通り聴き、どうしてもふるいにかけないといけないわけです。もちろん途中でやめる音源もある。それは、自分の感性の部分でもあるので仕方ないのですが、ふるいから落ちる方が圧倒的に多いわけなんですね。ですから、番組の新譜コーナーで紹介できるものとなれば一〇〜二〇％ほどになってしまうんです。

送られてくる音源は、昔はそれほど多くなかったんです。なぜ多くなったのかというと、今はデータで送られてくる場合があるからです。レコードやCD全盛の時代は、配布する枚数自体が少なかった。昔はパブリシティ用だとしても、それほど多くのプロモーション盤を作らなかったんですね。レコード会社には必ずプロデューサーがいたわけですが、今はアマチュアでも自分でプロデュースができる時代です。上から下まで音楽の送り手の裾野が広がり、音源の絶対量が増えているんですね。また、送られてくる音源とは別に、わたし自身もネットやダウンビートのような雑誌を通して、聴きたい新譜を常に探しているわけで、それも購入している状態です。ですから、手元には毎日音源が届くので、圧倒的に試聴時間が増える。何しろ、ネットを介して世界中から音源が瞬時に送られてくるものですから、バンビのマスターに頼んで夜行列車で買い付けに行った時代とは隔世の感も甚だしいわけです。

世界中から音源が届くのは、わたしがニューヨークにあるジャズ・ジャーナリスト・アソシエーションの公式メンバーで、ダウンビートの国際批評家投票のシニアヴォーターとして名が通っていることもあると思います。時にはミュージシャン本人から「クリティック・ポールに投票をお願いします」とメールをもらうこともあるほどです。今はメールで直接交信できるわけで、世界中のミュージシャンとつながっているという実感はあります。昔は海外で取材しないと生の情報は得られませんでしたが、今は情報収集ならネットで十分できるわけです。

とはいえミュージシャンに直接インタビューすることが必要ですので、そういう場合はジャズ・トゥナイトでやっています。新譜を聴き、これは素晴らしいアルバムだなと思えば、国内外問わずゲストに来てもらう。本年一月にも、ドラマーの本田珠也をゲストに呼んだら大きな反響があったようで、後にレコード会社から「レコードの大量注文が来て感謝しています」と、お礼のメールが届きました。そういった瞬間に、ラジオというメディアにやりがいを感じるんですね。番組に出演したことでミュージシャンの最新の成果が世に認められるきっかけになったのなら、これほど嬉しいことはない。それが、わたしが一番期待していることであって、取り上げたアーティストに間違いがなかったという証明にもなると思うんです。

ラジオ番組制作にとっても、ネット検索が欠かせなくなりました。先日もワイクリフ・ゴードンというミュージシャンのCDを聴いて、吹いているのがトランペットの音のように聞こえたんですね。彼はトロンボーン奏者なのでおかしいなと思ってアルバム・カバーを調べたら、ソプラノ・トロンボーンとクレジットされていたんです。それを映像で確認できないかと思い、YouTubeで検索したらワイクリフがソプラノ・トロンボーンなる楽器で吹いている映像が出てくるわけです。目で見て確認ができることは、本当にネット様様だと感じました。

わたしが一番使っているのは、ディスコグラフィを検索できるカナダの有料サイトです。サイトの運営者が驚くほど、毎日、何回となく訪問しています。どんなことを調べるのかというと、例えば「ソルト・ピーナッツ」という有名なスタンダードナンバーがあります。これは様々なアーティストによって、今日までに何回録音されていると思いますか？……これが、千二百回も録音されているんですね。こんな数字は自力では調べようがないわけですが、このサイトでは根拠のある数字として出てきます。プロ用の有料サイトで誰もが簡単に使えるものではないので、わたしがこういった数字を伝えることの役割を負いたいと思って積極的に使っています。

確実なデータを取ることの重要性は、最初の仕事であるソニー・ロリンズのディスコグラフィを作った時から感じています。メディアを担う一員としても、また公共放送であるＮＨＫの番組で偽りのコメントを発することはできないという責任感があるんです。これについては、過去に苦しい思いを一、二度経験しています。オスカー・ピーターソン・トリオに『ナイト・トレイン』という有名なアルバムがあります。レコードでは、一曲目に表題曲の「ナイト・トレイン」が入っている。ところが、日本でプレスされたＣＤでは、一曲目に「Ｃジャム・ブルース」が入り、「ナイト・トレイン」は二曲目に収まっているんですね。放送ではそれに引っかかり、「ナイト・トレイン」のリクエストをいただいたのに、間違って「Ｃジャム・ブルース」をかけてしまったんです。ジャケットは元のレコードと同じものを印刷してあり、「ナイト・トレイン」が一曲目に表記されているので紛らわしいわけです。ネットの時代は何でも調べられる代わりに、番組で間違ったことを伝えるとメールですぐに指摘が来ます。確実なデータを提供するために幾重にも確認する。番組スタッフもいつもこの点に神経を注いでいます。

自分の体を動かさなくても、家にいて何でも情報を仕入れることができる。ネット時代を生きるわたしたちにとって、そういった風景が日常的になりました。こういう時代においても、わたしが若いジャズ・ジャーナリストを羨ましく思うのは、彼らが数多くのライブに行っていることです。わたしも若い頃は、毎日のようにライブハウスに入り浸っていたようなものですが、八十歳を超えるとライブに行くことが極端に少なくなりました。この歳になると、ライブを終えて夜遅く電車に乗って帰ってくるのは勇気がいるんですね。ですから、若い彼らのライブレポートを見ていると悔しい気持ちがフツフツと湧いてくる。YouTubeもいいですが、やはりライブでも聴いてみたい。極端なライブ至上主義ではないですが、生でも聴き、CDでも聴き、また生でも聴けば、さらにアーティストたちが作り出す音楽の世界に近づけると考えているんです。

四十年前、小曽根真にサジェスチョンをしたことを話すと、随分前から、わたしが演奏家たちを評価する立場の人間であるかのように思われるかもしれません。あなたはジャズ界の第一人者で、あなたに認められることが若いアーティストたちにとってメジャーへの第一歩になっている、と言われることもあります。でも、わたしは若い演奏家たちが児山紀芳に認められたいと思っているかどうか、疑問なんですね。反対に、わたしがサジェスチョンされる立場だと思っているんです。わたしとしては、若い人たちの動きを見逃さないように、常にアンテナを正しく張り巡らせるよう心がけています。できる限り自分から動いて、今のホットな音を聞き逃さないようにしたいと思っている。受動的ではなく、自分の方から見つけたい。日本でも海外でも、無名のミュージシャンたちの中にどんな音が秘められているか。それが、どうやって外に吹き出してくるかを期待しています。このミュージシャンの持ち味はどこか、自分の番組でどういう文脈で流すことができるのか、新しい音を常に探しながら聴いています。ですから、このミュージシャンは紹介すべきだと思ったら、日本に来日するタイミングで声をかけ、日本人であればすぐに番組に来てもらっているわけです。

六十年間、雑誌で記事を書き、レコードを作り、ラジオで喋ってきました。本当にさまざまなアプローチでジャズに携わってきましたが、自分のスタンスはずっと昔から変わっていません。こんなに素晴らしいアーティストがいて、こんなに素晴らしいアルバムを作っているので、みなさんにも聴いて欲しい。わたしのベースにあるのはすべてその気持ちなんです。インタビューをして記事を書く時もそう。レコードをつくる時もそう。素晴らしいミュージシャンなのに、しばらくアルバムが出ていない。だから、新しい音を聴けるように動きたいわけなんです。そういう意味では、わたしがやってきたことはミュージシャンのプロモーションに近いことなのかもしれません。雑誌にレコードにラジオ、やっていることは一見違いますが、根底にある衝動は同じ。ですから、与えられている仕事がラジオであれば、これからも力ある限り続けていきたいと思っています。そのためには、自分の耳を鍛えて、いつでも新しい音に反応できる感受性を磨いておきたい。わたしの希望は、命ある限り、素晴らしいジャズを一曲でも多くみなさんに届けること。曲をかける時「それではお聴きいただきましょう」と、いつもそう言って紹介しています。いつまでも、この言葉を言い続けたいと思っています。

対談　ジャズが生まれる場にかかわるジャーナリズム
児山紀芳×田村直子（「ジャズ・トゥナイト」ディレクター）

児山　わたしが「ジャズ・トゥナイト」のメインパーソナリティに復帰した二〇〇七年以来、田村さんには番組担当ディレクターとして関わってもらっていて、なのでこの十年という長い間の、わたしのジャズに対する感性をいちばん身近で見て聞いている人という意味では、田村さんの他にはいない。だから最近は自身の分身だと思っています。

田村　児山先生が評価してくださるのは恐れ多いですが、先生がわたしに親近感を感じてくださっている理由に、音楽に対する突きつめ方が似ているところがあるというのは感じています。わたしも、先生同様、直感を頼りに生きてきたタイプで、興味を持ったり良いと思ったら躊躇なくその現場に突っ込んでいく。大学時代から、興味のある音楽があれば、バイトでお金を貯めて外国でもどこでも聴きに行く、興味を持った人に会いに行き、直接話し、その人と自分とで何かできないか考えてきました。大学卒業後、海外アーティストの招聘の職に就いてからは独学の英語で世界中飛び回って、日本では充分紹介されていない優れた音楽の発掘をしてきました。三十歳を過ぎるまで、ラジオ制作はしたことがなかったんですが、番組制作会社のシャララ・カンパニーから声をかけられて、面接で自分の好きな音楽の話をしたら、四月から児山先生の番組が始まる、社内にはジャズに詳しいスタッフはいないし、適任だからやってみてはどうかと言われたのがきっかけでした。

児山　一九九七年から二〇〇五年まで「ジャズ・クラブ」をわたしと中川ようさんで担当していたのを、NHKは渡辺香津美さんと国府弘子さんに交替した。

田村　路線を変えてミュージシャンでということでしたね。ただやっぱりミュージシャンだと選曲に偏りが出てしまう。それで改編に際して、広くジャズを伝える番組をもう一度つくりたいということになって、プロデューサーが児山先生のところに直接お願いにうかがったのだと聞きました。児山先生はNHKの試験放送の時からやっていらして、評論家はたくさんいるといっても、ニュートラルに幅広く紹介できる方は少ない。それがカムバックの決め手だったのだと思います。

児山　この話を頂いた時は、涙が出ました。嬉しくて。雑誌の編集から入っているけども、それより一拍早く放送の仕事にも着手していて、長年やってきたことでもあるし、大阪のバンビでレコードコンサートを始めたとき以来、ジャズについて話をする、気に入ったものをできるだけたくさんの人に聴いてもらって素晴らしさを伝えたい、そういう気持ちはそもそも自分の原点であるので……。

田村　わたしはというと、番組の担当とは言われてもラジオ制作初心者でしたから まだねらいや展望はなくて、児山先生のお話と選曲をいち早く聞けるお仕事に就かせていただけるなんて幸運以外の何ものでもない！　という感じでした。というのも、先生が編集長を務められていたころのスイングジャーナルを古本で読んだりしてお名前はもちろん存じ上げていましたし、ご功績もある程度存じ上げていたので、願ってもいないチャンスだと思いました。

児山　毎週、田村さんが一緒に仕事をするようになって、ＮＨＫのスタジオの機材を操作するとか、初めてそういうのを手がけるにしてはもたつきがなく、習熟度が早い——というのはいまでも強く印象として残っています。たとえば、若いスタッフというのは十二インチのアナログディスクを手にしたときに、どのように持つのかとか、針の載せかたとか、そういうのは未経験だから。その点、田村さんは最初にわたしがアナログディスクを使うときに一度注意をしたことがあるけど、それきり。
田村　それはいろいろな経験をした後の仕事だったので。ジャズ喫茶でのアルバイト経験もあり、レコードの扱いに多少は慣れていました。また、前職はコンサートのプロデュースをしていたので、番組をディレクションするという仕事にもすぐに馴染めました。それもあってか、入社してすぐの五月の連休に生放送の特番を任せていただきました。一日中、リクエストを受けつけて流す「今日は一日〝ジャズ〟三昧」です。
児山　ふつうはすぐには特番を任せないよね。生放送の番組だし。
田村　大変恵まれていたと思います。あの特番で、児山先生とお仕事をご一緒し始めてから早々に、自分で構成を考えて、選曲も先生とご相談し合いながらお仕事できたのは、信頼関係を築く上で、大変良い機会だったと思っています。
児山　「三昧」みたいな一日リクエストの企画は、この二〇〇七年以後やっていないね。
田村　そうですね。それ以降、ジャズの特番の提案がなかなか通らなくなったのはとても残念です。

児山　話を「ジャズ・トゥナイト」に戻すと、二〇〇七年に番組に復活できるという話を頂いた時、その場で今日の番組の構成を提示したんですよ。前半が特集、後半はニューディスク中心の「ホットピックス」。

田村　「ホットピックス」は、ホットなトピックスを合体させた先生の造語です。余談ですが、コーナーのジングルを作る時、外国人の方にこのワードを読んでいただいたのですが、どこにアクセントを持ってくるのか聞かれて困りました（笑）。先生の持ってこられる新譜は本当に誰も知らないような音源、日本に入荷されていないものとかすごく斬新なものばかりで、初めてそれを目の当たりにした時は驚きました。それに、たとえば前半の特集を決めると、それを意識して「ホットピックス」も選曲される。特集の中でも、古いものだけでなくて最新の情報も取り込んでいる。絶対に児山先生にしかありえない選曲をされているなと思います。

児山　わたしは自分では楽器はやらないけど、蓄積したものと、新しいものと、その表現できる音の数々の中から、その時々で瞬時に思い出しながら演奏するのと同じように、わたしにとってアルバムは演奏の素材であって、二時間の番組は一つのステージ。同じ調子の曲でも新譜だから、と選ぶわけではなくて、常に三〇〇枚はある目の前のニューディスクから楽器もちがうし、コンボやソロもあるということもひっくるめて、全体の流れから考える。最近いちばん嬉しかったのは、リスナーからのメールで「児山さんの番組を聴いているとジャズでインプロビゼーションを聴いているみたいだ」とあったことですね。

田村　先生は企画に合わせて知識、ご経験を含め、構成をゼロから組み立てて、曲を選りすぐっているんだなとわかりました。選曲や台本づくりのほぼすべてを先生にやっていただいているので、申し訳ないのですが……。

児山　九割は好きなようにやらせてもらってますけど、それがわたしの長所であり、短所でもあるかもわかんないよね。自分の考えていること、やりたいことを人に指図されて変えるのは好きじゃないの、わかるでしょ。逆にそれがなくなったら、もう自分の存在は終わりのときだとも感じている。それができている間はまだ、やり続けていられる時期なのかなと。

トークのインプロビゼーション

田村　第一回の放送でヘレン・メリルさんをゲストに提案されて驚きました。アルバムをプロデュースされたことも、この時に初めて知りましたが、児山先生とヘレンさんの深い友情を垣間見させていただき、感動しました。

児山　ジャズ・クラブでは定期的にゲストを招くというコンセプトはなかったんです。ジャズ・トゥナイトになってから、交替ではなくて毎週の担当になったし、海外のミュージシャンも常時来ているから、月に一回くらいゲストを招くのを柱にしたいというのはありました。

田村　ヘレンさんも日本にはしょっちゅういらしていたと思うのですが、改めて先生の番組に招かれて本当に喜んでいらっしゃるのが伝わってきました。もう一人、番組出演の喜びが尋常でなかったのはゼヴ・フェルドマンさん。ぜひ児山先生と話したいと希望されていました。番組としては、先生がゼヴさんの発掘の話をうかがうという趣旨でお招きしましたが、本人としてはインタビューされるよりしたい感じでしたね。先生は発掘の神様だ！　と言って興奮してました。

児山　新人は初めての面談が多いけど、ほとんどのゲストはなんらかの形で知っている人で、彼らも喜んでくれる。わたしのインタビューはオフィシャルなインタビューというよりも、むしろフレンドシップであるとか、現況の確認をし合うとか、フレンドリーな再会をするのが特徴。中でも印象に残っているのは、やっぱりジム・ホールが亡くなる直前にスタジオに来てくれて演奏までしてくれたのが……。これもやっぱり昔、グリニッジ・ビレッジの彼のアパートに行って、それ以来の再会みたいな感じで、強く思い出に残っています。

田村　ジム・ホールさんがスタジオで演奏してくださった時のお姿は、私も強烈に印象に残っています。すごく小さくなられていて、背中を丸くしてギターを弾かれていました。でも演奏はビビッドで。古くから先生と親交があるゲストは、まるで先生のおうちに遊びにいらしたようなリラックスした様子で再会のトークを楽しまれます。一方で若手の方は、先生の評論をライナーノーツとか雑誌で読んできた方が多く、緊張して来られますね。でも、インタビューが始まると和気藹々と、台本も見ないで自由にお話をされて。後から、先生の純粋にジャズが好きなんだという好奇心と笑顔に癒されました、という感想を送られてくる方も多いんですよ。

児山　楽しいよね。

田村　大友良英さんがいらしたときも、「あまちゃん」で注目されて取材もたくさんされていたけど、ジャズの番組に呼んでもらえたのがすごく嬉しいとおっしゃっていました。大友さんの原点の高柳昌行門下のときの話とか、デレク・ベイリーの話とか、最近は聞いてもらえないような話ができて、曲も紹介できて、それを児山先生が評価してくれたのに感激されたんじゃないでしょうか。プロモーションで出て頂いているのではなくて、先生がうかがいたいお話を聞くためにお招きしているのが伝わるんだと思います。

児山　大物になるほど録音も多いので、その中でわたし自身が聴きたいと思っていること、きっかけがあるものによって聞き出すというのがひとつの眼目でもある。それに答えて聴いてもらうことによって、わたしもリスナーも、あ、この曲にはこういう背景があったのかとわかる。それによって番組の内容をより興味深いものにする。自分自身が興味がなければ、聞いている人も面白くないですからね。

田村　ゲストに台本は前もって送らないことにしているのですが、だからこそジャズらしいトークの中でのアドリブや自由なトークを引き出せていますね。

児山　こちらが期待していないような答えが返ってくることもいっぱいあって、それによって聞いている側の感受性の振幅の度合いも非常に高まりますからね。チャールス・ロイドなんかはまさにそうで、思わず涙が出ちゃったよね。

田村　チャールス・ロイドには、私が担当してから二回ご出演いただいたのですが、特に一回目の時は感動しましたね。再会の感動がありつつ、哲学的で深いお話の内容でした。何年ものブランクがあったとしても、再会して小一時間で深い話に入り込めるというのは、やはり信頼関係の蓄積がなせる業だと思いました。そして予期せぬ方向に会話が進んでも、それはジャズの演奏と同じでちゃんとテーマに戻っていく。

児山　要するに何を聞くか。絶対逃さず聞きたいことはおさえて、時間内でだれないようにする。でも話を聞いているうちに反応によってどんどんもう別の方向にいくことがどちらかというと多い……。

田村　それによって紹介する曲を変えることもありますね。

児山　だからインプロビゼーションなのよ。まあ、ミュージシャンとのトークは得意技だから。スイングジャーナル時代からずっとやってきたことですし。

田村　ところで、先生はインタビューの時以外はジャズ・レジェンドたちとのプライベートな親交のお話とか、あまりなさらないですよね？　ヘレンさんとのアルバムの話も、すごく貴重な歴史のハイライトじゃないですか。

児山　聞かれれば話すけど、自らこれみよがしにやってきたよというのは、あまり好きじゃない。

田村　そうですけど、わたしの立場からするとそんな貴重な話は、番組の中でももう少し話していただきたいです。時代の証言ですから、先生の生の言葉で残したいという気持ちがあります。いま活躍している人で、番組の対談によって出てくるエピソードやスタジオで演奏してくださった音は残していきたいですね。たとえばステファノ・ボラーニとか、フレッド・ハーシュとか、アルフレッド・ロドリゲスとか……。わたしも特に好きなアーティストを先生がゲストにご提案されることもしばしばあって、印象に残っています。

児山　偶然なんだけど、田村さんの感性と、なんかこう波長が合うことはあるよね。アブドゥーラ・イブラヒムをゲストに提案したのも田村さんじゃないですか。

田村　アブドゥーラさんはわたしが招聘をしていた関係で、先生と古くからお知り合いだったのもうかがっていたので、ぜひ番組にと、自分の関心ですけどお願いしました。対談は哲学的で難解でしたが、美しかった。

児山　アブドゥーラ・イブラヒムは、七〇年代の初頭に当時まだダラー・ブランドだった時、わたしがニューヨークのオーネット・コールマンのアーティストハウスで、彼のピアノによって初めてトランス状態に陥った経験がある。それを話したよね。とにかく唯一無二の体験なんですよ。だから番組の内容もトランス状態。何言ってるか、よくわからなかった（笑）。

「セッション・トゥナイト」の成果

児山　「セッション・トゥナイト」*も、ゲストとのトークから出たアイデアですね。トランペットの市原ひかりさんがゲストに出たときのコメントがきっかけでした。これからなにかやりたいことはありますか、というわたしの質問に答えて、若いミュージシャンがたくさんいるけども、そういう人を一堂に集めたジャズフェスティバルみたいなものをプロデュースしてみたい、そう発言したんですね。それが心に残っていて、演奏するチャンスがない、聴くチャンスがない、その両方を番組をつくることによって達成しようと提案した。

田村　先生が、その後すぐに「セッション」とのコラボで番組として実現してあげるのはどうか？　とプロデューサーに提案されて。その行動の速さに驚きました。それでセッションのディレクターと相談して、とんとん拍子に。

児山　ジャズ・トゥナイトは録音されたＣＤがメインだけど、セッションはライブだから、そことコラボレーションして実現したいというアイデアでね。

田村　ジャズフェスティバルはいくつかありますけど、日本の若手のミュージシャンが自分のバンドで出演できるフェスティバルはほとんどないですよね。東京ジャズも大きいけど、日本人で出られるのは一握りで、必ずしも日本国内で日々研鑽されている方たちじゃない。インターナショナルフェスティバルだからというのもありますが、大きな舞台に立てない方に、日の目を見させてあげたいとわたしも思いました。

児山　それとやっぱりラジオは全国に伝わる。ライブハウスは限られた人にしか伝達できないけど、放送によって全国に広がる。それこそラジオの使命に応えてるよね。メンバーは、市原ひかりさんが言った若い世代に土台を置いたよね。ジャズの未来は若い世代にかかっているというのが、わたしの納得の仕方なんだけど。ジャズ評論家と自称する人の多くはあまり国内に目は行ってないんじゃないの？

田村　そんなことはないと思いますけど、受け身ですね。ライブの現場にもこまめに行っていると思うのですが、自らイベントを企画したり、演奏の場所を作るというのはあまり聞かないですね。先生のようにアルバムをプロデュースされたり、コンサートもプロデュースされたり、表現方法が多岐にわたっていらっしゃって、そういう経験が幅広くある方は、今はあまりいないかもしれません。

児山　要するに、ひとつのことしかできないということではなくて、ジャズにまつわることはなんでもやる。次から次へと、目の前に現れることを達成するための努力が、すなわちジャズ評論家なのかな。セッション・トゥナイトなんかは突き進んだよね。

田村　参加してもらったミュージシャンたちも、リハーサルを含めふだん共演しない人と接して、知恵やアイデアを出し合うような機会はそんなにないみたいですから、非常にやりがいがあったみたいですね。

児山　手ごたえは大いにアリ、だよね。ＣＤを流して番組をつくるのとちがって、企画者側がひとつのテーマを打ち出して、それに若いミュージシャンが音楽で応えるのだから、期待したことと違ったこともあったけど、聴衆のリアクションを見ると、非常に感銘を受けている様子は手に取るようにわかったし、自分自身、聴いていて素晴らしかったと納得している。若い世代が担って、日本のジャズ界を明るくするという見通しは、この二回の「セッション・トゥナイト」で見えましたね。

田村　またやりたいと、ミュージシャンがみんな言ってくれています。それが具体的に何になるかはまだわからないですが、ひとつの起爆剤にはなっているかなと。

ジャズ・ジャーナリストの役割

児山　チャンスを与えることができたということはひとつの成果だよね。わたしに言わせると、有名であろうと無名であろうと、その人のもっている才能を見抜く、その人をいかに広く聴いてもらうか、知ってもらうか。そこにいかに力を注ぐかが、わたしたちの役割。楽器を演奏するかわりに、ジャズの世界に携わっている役割分担の、それ以外のなにものでもないと思うんだよね。

田村　そう思います。だからこそ児山先生がいままでこの立場で発信し続けられてきたのだと思うので。

児山　最近わたしが感じているのは、インターネットで情報を手に入れるという手段は、もうほとんどかつてないスピードと豊かさであって、今の時代の利点を活用すればアフリカでもイギリスのことでも、知らないことも刻一刻と瞬時にチェックできる。ジャズ・ジャーナリストたるもの、受け身ではなく能動的に、日本だけのマーケットじゃなくて、世界の状況を把握しながらその中からいいものを見つけ出す。わたしはそういうエネルギーと情熱がなくなったらジャズ・ジャーナリストとしての自分自身は終わりだと思っています。

田村　わたしは、音楽ジャーナリズムというのははじめに作品や音楽家がありきで、そこに接した時のジャーナリストの個人的な体験を、その人の感性というフィルターで意識的に言葉にしていくことだと思っています。心とからだで感じたことではなくて、データベースをなぞっているとか、何かとの比較で優劣をつけるのではつまらない。たとえば、時代でいうと、確かに五〇年代は面白い時代だったのは事実です。でも五〇年代と比較して、今は面白くないと言ってしまうんじゃ芸がない。そういう意味で、先生はわたしたちが憧れるようなジャズの黄金期も見てきたけれど、現在進行形の今のジャズも透明な視点で丁寧に聴いて、いいと思ったものをご自身の感性で表現されている。何に影響されることもなく。そして、最初にロリンズの「サキソフォン・コロッサス」に出会った時のような純粋な感動を、今でも新しく出会う音楽に対して持たれていて、薄れることのない好奇心と探求心で、感動を追究し続けていらっしゃる。人は経験を重ねるほど、物事を知った気になってしまって、先入観で表面的なジャッジメントをしがちだと思いますが、先生にはそのようなことは一切ない。そこが私が先生を尊敬する理由です。

児山　評論家としてのアイデアが当たり外れが多かったり、適切でない場合は、おのずからその人の判断能力はジャッジメントされるわけだし、的確な耳をもち、判断能力をもてば、その人は信頼を勝ちうることができて続けることが可能になる。それだけのことじゃないのかな。

田村　十年間、ご一緒させていただいた、勉強させていただいたことで、自分の表現方法、発信方法をもう少し丁寧に深めていかなければとは思っているんです。わたしがいちばんやりたいことは、音楽を通して人と人とがダイレクトに交流できる場をつくることなので、今までどおりコンサートやイベントを企画していこうと思っています。それにラジオも十年やってきて、イベントとは人とのかかわり方がちがうメディアだと感じてきました。コンサートやイベントは、非日常の空間を作るということをすごく意識する一方で、ラジオはリスナーの生活に寄り添いながら、無意識の感覚に近い状態でコミュニケーションできるメディアであるという気がしていて。先生とヘレン・メリルさんの対談でも、お二人の姿が見えなかったとしても、ラジオから流れてくるお話と音楽を聴いていると、想像力でお二人が話している時代にトリップできるんですよ。ラジオも非常にやりがいのあるメディアだと思っています。

児山　田村さんのような資質がそろっている人材は非常に珍しい。わたしとしては大いに期待しています。同時に、わたし自身いま思うことは、毎週ジャズ・トゥナイトを聴いてくださる熱心なリスナーの期待に応えるべく、世界のどこに出しても恥ずかしくないような番組作りにこれからもますます励みたいと思います。

田村直子（たむら・なおこ）
NHK－FM「ジャズ・トゥナイト」ディレクター。二〇〇七年に番組制作会社シャララ・カンパニーに入社と同時に、「ジャズ・トゥナイト」のスタッフとなる。ラジオ番組制作のほか、海外ミュージシャンの日本招聘、イベントのプロデュースをライフワークとしている。

＊セッション・トゥナイト　NHK－FMの二つのジャズ番組「ジャズ・トゥナイト」と「セッション」のコラボレーション番組。国内の若手ミュージシャンによるジャズライブを行い公開収録、三時間の特別番組として放送した。二〇一六年と二〇一七年の計二回が開催された。

著者略歴

児山紀芳（こやま　きよし）

ジャズ評論家。一九三六年大阪生まれ。関西大学文学部英文科卒。「スイングジャーナル」誌編集長を二期十七年にわたってつとめ、秋吉敏子、ヘレン・メリル、ソニー・ロリンズ、マイルス・デイヴィス、ジョン・ルイスなど国内外の多くのミュージシャンと親交を結ぶ。八〇年代には米レコード会社のマスターテープ保管庫から未発表音源を発掘、「キーノート・コンプリート・コレクション」、「ブラウニー：コンプリート・クリフォード・ブラウン・オン・エマーシー」でグラミー賞の「ベストヒストリカルアルバム部門」に二度ノミネート。米「ダウンビート」誌が行う国際批評家投票に唯一の日本人として投票に参加。NHK-FMの歴代のジャズ番組のパーソナリティを担当し、現在も「ジャズ・トゥナイト」を担当。

ジャズのことばかり考えてきた

二〇一八年七月五日　印刷
二〇一八年七月二〇日　発行

著　者　児山紀芳
発行者　及川直志
印刷所　株式会社三秀舎
発行所　株式会社白水社

東京都千代田区神田小川町三の二四
電話　営業部　〇三（三二九一）七八一一
　　　編集部　〇三（三二九一）七八二一
振替　〇〇一九〇―五―三三二二八
郵便番号　一〇一―〇〇五二
www.hakusuisha.co.jp

乱丁・落丁本は、送料小社負担にてお取り替えいたします。

誠製本株式会社

ISBN978-4-560-09643-7

Printed in Japan

ジャズ・イズ

ナット・ヘントフ 著

志村正雄 訳

デューク・エリントン、ビリー・ホリデイ、マイルス、コルトレーン、ガトー・バルビエリ……11人の巨匠たちとともに、JAZZとは何かを探究！　ジャズ・エッセイの名著にして「名言集」。

10代半ばでこの本を読んで、「この人たちのいる世界こそ自分の世界だ」と、人生を決めて現在に至ります。そしていまでも、ヘントフと同じように、ぼくはクラブのドアの内側に立ちつくして、彼らの音に耳を澄まし続けているのです。

——大谷能生